渋澤栄一

新装版　澁澤榮一・正誤表

本文192頁の注釈「※32」の2行目

誤　「深川市出身」→正　「深谷市出身」

本文192頁の注釈「※32」の3行目

誤　「埼玉県深川市」→正　「埼玉県深谷市」

『澁澤榮一』再刊について

本書は昭和40年（1965）に刊行された、澁澤秀雄著『澁澤榮一』の新装版です。著者は澁澤榮一の四男で、戦後は随筆家として活躍しました。東宝会長、東映取締役を歴任しています。時事通信社が当時刊行していた『一業一人伝』のシリーズとして刊行され、その後も版を重ねました。

澁澤の伝記本は幸田露伴『澁澤榮一傳』、城山三郎の『雄気堂々』など多数あります。本書の特徴は、息子の視点から、榮一のプライベートも含め描いていることです。

著者、澁澤秀雄は原本の「まえがき」で紙数の関係で内容を整理したとしながら「子が父を語る家庭的な問題はなるべく多く残した。これは他人に書けないことだからである」と記しています。

著者の四男、澁澤均氏に再刊のお許しを得、また、渋沢栄一記念財団にもお世話になりました。

再刊に当たっては、文字を大きく読みやすくし、写真を大幅に追加したほか、注釈を施し、巻末に著者の小伝を加えました。

２０１９年６月

時事通信出版局

新装版　澁澤榮一——目次

※扉の文字は澁澤榮一直筆によるものです。

装幀・本文デザイン　出口城

1

最後の義務

昭和五年（一九三〇）十二月、かぞえどし九十一歳の父は風邪のため寝ていた。老齢のことだから家の者はみな心配した。するとある日、全国方面委員（現在の民生委員）と社会事業家の代表者二十名ほどが父に面会を求めた。母も主治医の林正道先生も強くとめたが、父はその顔ぶれを聞いて、どうしても会うという。そこで時間を五分間に限って来訪者を応接室へ通した。父は熱のある身体に紋付きの羽織をはおり、白いヒゲの伸びた顔を客の前にあらわした。

来意はこうだった。年末寒さと飢えに苦しむ人たちが二十万人にも達したので、政府は救護法を制定したが、予算の裏づけがないため救護の実はあがらない。それを父の尽力で、さっそく実施するよう働きかけてほしいという依頼だった。静かに聞いていた父は、深くうなずいた。

「私はこの年になるまで、及ばずながら社会事業に尽くしてきました。みなさんのお心持ちは実によくわかります。老いぼれの身でどれだけお役に立つかしれませんが、できるだけのことはいたしましょう。それが私に残された最後の義務だと信じます」

来訪者の眼に涙が光った。

それから父はすぐ自動車の仕度を命じて、大蔵大臣と内務大臣に面会申込みの電話をかけさせ、着物を着かえはじめた。林先生も母も心配して、外出の危険であるむねを力説した。すると父は主治医にこういった。

「先生のお世話で、こんな老いぼれが養生しているのは、せめてこういう時のためですよ。もしこれがもとで私が死んでも、二十万人の不幸な人たちが救われれば、本望じゃありませんか」

先生も母も返す言葉がなかった。そして父はすぐ自動車上の人となった。しかし父の労はむくいられなかった。両大臣の力をもってしても、救護法はすぐ実施できなかったのである。それが実施されたのは、翌年父が死んでからだった。しかしたとえその効果はなかったにせよ、こういう行為は、行為そのものに意義があると見てよかろう。

2

帰りなん

昭和六年十月の一夜、父は腸閉塞をおこしてひどく苦しんだ。内科の入沢達吉先生、外科の塩田広重先生はじめ数人の国手が綿密に診察された結果、直腸癌のためとわかった。そこで手術して人工肛門をつけなければならない。しかし手術のために幾日も寝かしておくと、老人は肺炎をおこしやすい。この二つの危険率を比較商量して、結局国手連は手術の道を選んだ。そこでわれわれ子供たちもなるほどと思い、父に手術をすすめた。

「この年になって、そんな手術までして生きのびたくはない」これが父の答えだった。

しかし子供たちを代表して、義兄の明石照男がいった。

「そんな手術までしてというお言葉ですが、この場合はそれが常識で、このまま放置しておくことのほうが不自然です。腸閉塞の心配もなくなりますから、是非とも手術をお受けください」

そして十月十四日に父は塩田先生執刀のもとに自宅で手術を受けた。手術は成功したが、数日たつと心配した通りに肺炎をおこして、食思不振に陥った。周囲のものが食物を食べてくださいと勧めると「せっかく皆がそういうから、私も食べようと努力するのだが、ガマンにもノドを通りません。意地を張っているわけじゃないから、あしからず願いますよ」

父は衰弱のなかでも冗談めかした口をきく。身のまわりのことに文句をいわない、おとなしい病人だった。それだけ全快したがる意欲がなかったのかもしれない。病気の最初から最後まで、医師や周囲のものに病状の見通しはおろか、病名さえ一度も聞かずじまいだった。それは晏如として「天命」の上に仰臥している感じだった。

見舞客は毎日朝から晩まで引きもきらない。各新聞社はおびただしい数の記者をくりだして、連日連夜の張りこみである。近い親族一同は看病や見舞客の応対にあわただしい毎日を送る。そんななかで庭のハゼモミジが火のようにもえつづけた。

スヤスヤ眠っている父が、ふと目をあけて何かいいだすことがあった。聞きとりにくい言葉だったが、なかに出てくる人名が明治初期の養育院主事だったり、第一銀行重役だったりする。父は錯覚の世界に若返って働いているのだった。そしてまた昏睡がくる。

十一月八日には意識がハッキリして、陶淵明の「帰去来辞」を暗誦した。記憶のいい父は一節ごとに注釈を加えながら、全文を看護のものたちに聞かせた。あの結末の句「いさか化に乗じてもって尽くるに帰せん。かの天命を楽しむ。またなんぞ疑わんや」という心境は、そのまま父のものでもあったかもしれない。

見舞客に郷誠之助氏その他の有力な財界人が来ておられると聞いて、父は病床からこんな言葉を伝えてもらった。

「帝国臣民として、東京市民として、私は及ばずながら誠心誠意ご奉公してまいりました。今回は到底再起がむずかしいと思います。これは病気が悪いので、私が悪いわけではありませんよ。たとえ私は死にましても、タマシイはみなさまのご事業を守護いたします。どうか邦家のためご尽力ください。そして私をお位牌にまつりあげて、他人行儀になさらないようお願いいたします」

　これは財界に対する永別の辞となった。この言葉は後日追悼会の席上、あらためて郷誠之助氏から会衆に伝えられた。父がこんな言葉を残しても、それがわざとらしくないような時代でもあり、立場でもあった。

　昭和六年十一月十一日午前一時五十分、父は九十二歳の生涯をとじた。前年の同月同日、第一次大戦の休戦記念日を祝福する父の声の流れ出たＮＨＫラジオは、その日父の死を放送した。

　大々的な新聞記事、織るような弔問客、弔文弔電の山、いそがしい葬儀準備……死の波紋は内外にひろがってゆく。

　十一月十四日にご弔問の勅使、皇后宮と皇太后宮のおん使いの来邸。そして天皇陛下から「御沙汰書《ごさたしよ》」※1をたまわった。

「高ク志シテ朝《チヨウ》ニ立チ、遠ク慮《オモンパカ》リテ野《ヤ》ニ下《クダ》リ、経済ニハ規画最モ先ンジ、社会ニハ施設極メテ多ク、教化ノ振興ニ資シ、国際ノ親善ニ努ム。畢生《ヒッセイ》公ニ奉シ、一貫誠ヲ推ス。洵《マコト》ニ経済界ノ泰斗《タイト》ニシテ、朝野ノ重望ヲ負ヒ、実ニ社会人ノ儀型ニシテ、内外ノ具瞻《グセン》（仰ぎ見ること）ニ膺《アタ》レリ。遽《ニワ》カニ溘亡《コウボウ》ヲ聞ク。焉《イズクン》ソ軫悼《シントウ》ニ勝《タ》ヘン。宜《ヨロシ》ク使ヲ遣ハシテ賻《フ》ヲ賜ヒ、以テ弔慰スヘシ。右御沙汰アラセラル」

柩《ひつぎ》の前で拝読する喪主《もしゅ》澁澤敬三の声がシンと静まりかえった一座に流れると、広間の一隅に抑制《よくせい》の堰《せき》を切って落したような激しい嗚咽《おえつ》がおこった。佐々木勇之助氏と石井健吾氏の声だった。第一銀行を中心として、父と六十年の風雪を共にしてこられた両氏は、この優渥《ゆうあく》な「御沙汰書」に文字通り感泣せずにはいられなかったのである。すべてが濃厚な明治のムードだった。

葬儀委員の申しあわせで、一切の香典や供華《くげ》類はご辞退した。しかし後日父の記念事業財団が設立された際、それらのものは大部分財団への寄付金に姿をかえた。まことにありがたい芳志だった。

皇族からの榊《さかき》やお供物は、臣下の分としておことわり申しあげるわけにはゆかなかった。主権在民など思いもよらない時代だったのである。だから父の柩は、それらの品々に飾られた。あとはごく近親の供華と、養育院児童（当時は東京市養育院に多数の児童が収容されていた）からきた手紙の累積だ。これは院長である父に寄せた、いたいけな文面の見舞状や悔み状だった。

十一月十五日に青山斎場で葬儀がおこなわれた。告別式場や霊柩車の通過した沿道に参列された方々は、学校その他の諸団体を加えて四万人をこえたという話だった。

昭和六年にはプロレタリア運動がもりあがっていた。ある日私は、ゆくりなくも短歌雑誌「アララギ」のなかに、澁澤榮一翁の逝去を悼むという前書きつきの一首を見出した。残念ながら作者の名は逸した。

資本主義を罪悪視する我なれど
君が一代《ひとよ》は尊くおもほゆ

誠実に働き通した父の一生は、人生観や社会観のちがう若い人にも、この歌のような例外的共感を呼びおこしたと見える。ちなみに土屋喬雄博士の調査によると、父が生前関与した営利会社の数は五百余で、国際親善、教育事業、宗教団体、社会事業その他は六百余だったという。そして私という無為無能な不肖の子は、父の死をまん丸な太陽が地平線に沈んでゆくようにながめた。

最後に幸田露伴翁が『澁澤榮一傳』の冒頭に記した一節を引用する。

「……ただ榮一に至っては、実に其時代に生れて、其時代の風の中に育ち、其時代の水によって養はれ、其時代の食物と灝気《こうき》（広大の気）とを摂取して、そして自己の軀幹を造り、自己の精神をおほし立て、時代の要求するところのものを自己の要求とし、時代の作為せんとする事を自己の作為とし、求むるとも求めらるるとも無く自然に時代の意気と希望とを自己の意気と希望として、長い歳月を克く勤め克く労したのである。故に榮一は渋沢氏の家の一児として生れたのは事実ではあるが、それよりはむしろ時代の児として生れたと云った方が宜いかとも思はれる。（中略）以下委細に記するところは、都べて皆これを是れ証するものである」

露伴翁はこう伝記の筆をおこしておられる。私は榮一の子という角度から、筆力は貧弱ながらも、私なりに榮一の歩いた道を辿ってゆこう。

※1　「御沙汰書」とは、天皇が国民に下賜する言葉である勅語の一種。国家に功績のあった人物の葬儀で遺族に渡すものなどもそう呼ばれる。

渋沢家に渡された御沙汰書の大意は以下の通り

「高い志を立てて政府に出仕し、遠謀深慮の末に下野した渋沢栄一は、経済に関する画策は誰よりも先んじており、社会に建設した施設などもきわめて多い。人を教え導き、国際親善に努め、生涯を公のために尽くし、誠の道を貫いた。実に経済界の大家であり、官民の重い期待を背負っていた。まさに社会人の模範であり、国内外の人が仰ぎ見る人物であった。にわかに訃報を聞き、どうして悲嘆に堪えられよう。ここに勅使を遣わして、金品を贈り、弔意を示さん」

3 中の家（なかんち）

　栄一は天保十一年（一八四〇）二月十三日に、武蔵国榛沢《はんざわ》郡安部領血洗島《ちあらいじま》村※2に生まれた。現在の埼玉県大里郡豊里《とよざと》村字血洗島で、高崎線の深谷駅から六、七キロのところにある。

　利根川に近いこの辺一帯の関東平野は、ひろびろした田や畑のあいだに鎮守の森などが島みたいに浮かび、地平線の果てには赤城、榛名、妙義の連山や、遠い浅間、日光の男体山まで見晴らせる。そして寒い季節には土地名物の「赤城おろし」が平野を縦横にかけぬける。その風当たりの一番ひどい村はずれに「十六文《もん》タンボ」と呼ばれる田があった。せっかく角の居酒屋で十六文フンパツして飲んだ酒も、そこを通るといっぺんにさめてしま

中の家遠景（屋敷の前に澁澤一族の墓地がある）　渋沢史料館所蔵

うからである。

「また中の家《なかんち》のおかみさんが、羽織を持って榮さんを追いかけてる」

近所の人がよくこういって笑ったそうだ。わが子に風邪をひかせまいとする母親も、羽織を地面に投げだして逃げる前髪だちの子も、それを見て笑う村人も、みな赤城おろしに吹かれていた。

天保時代の血洗島村は戸数が五、六十戸だったらしい。村内に渋沢姓が十七軒もあったので、家の位置によって中の家、東の家[※3]、西の家、前の家などと呼んで区別した。

中の家は一時家運がひどく傾いた上、女の子が二人いるだけで跡取り息子もない。そこで東の家の当主澁澤宗助の三男元助が、家運再興のため養子に迎えられ、中の家の通り名市郎右衛門を名のった。妻は家つきの姉娘お栄《えい》で、榮一はこの夫婦のなかに生まれた。同胞《きようだい》は、五つ年上の姉お仲と、十二年下の妹お貞《てい》だけで、あとはみな早世した。

市郎右衛門は養子にくるとき、家事の全権を委せてもらうことと、はたから干渉しないことを条件とした。気の勝った厳正な人で、些事にも几帳面《きちようめん》な上、骨身を惜しまない勤勉家だった。学問や剣術を好んで俳諧などもたしなむ一方、義侠的で人のためにもよく尽くした。だから村民の信望もあり、やがて領主安部家の御用達となって苗字《みようじ》帯刀を許され、のちには名主見習にまで出世した。

中の家は代々農作を本業としたが、藍玉《あいだま》を製造して紺屋《こうや》へ売りさばいた。市郎右衛門は家運挽回《ばんかい》のため実家から期限つきの金を借り、人手に渡った中の家の田地を買いもどし、畑を整理して養蚕をすることから、藍葉を仕入れて藍玉を作ること、さてはそれを信州上州辺の紺屋に売ることまでを、自分でテキパキやった。

藍の商売は利分が多かった。昔から百姓は畑仕事だけでは資産など作れない。そして榮一のものごころがつくころは、血洗島で第一の財産家は東の家、第二は中の家というところまで漕ぎつけた。市郎右衛門はそうした働きものだけに、家庭では口やかましい夫だった。そして妻のお栄は情け深くて、おとなしい。だから世間一般の家付き娘に養子という概念とは正反対の夫婦だった。

お栄の特質は思いやりが深くて、人の困るのを見ていられないことだった。だからよく近所の貧しい人にたくあんのシッポまで与えた。すると市郎右衛門が

「お前はたくあんの腐ったのまで人にやる女だ」と叱る。そこでお栄は

「腐ったたくあんさえ食べられない人もいるんですから……」と答える。そして夫婦の間に

「旦那はよく人を叱りなさる」「叱る気はないが、あまりわからな過ぎるからだ」という言葉がさかんに応酬された。

中の家の隣りに、お栄より少し年上の女の癩患者[※4]がいた。人に忌み嫌われるのを気の毒

がって、お栄はその女によく物を与えた。すると先方も時には礼にボタ餅など作ってくる。するとお栄は平気でそれを食べた。そこで榮一が母に注意する。

「情け深いのは結構ですが、ああまで世話する必要もありますまい。それに癩病はうつるといいますから、気をつけてください」

しかしお栄は「お医者に聞いたら、うつらないといった」となかなか頑強である。

手許《てばか》村の鹿島神社の境内に年古りたケヤキの大木があって、太い幹の内部がウツロになっている。そして昔からなかに井戸があり、その井戸水で立てた湯は万病にきくと言われていた。そのため境内には共同浴室が設けられ、多くの村人がその霊水を浴びにきた。

ある日お栄が近所の人たちと入浴しているところへ、例の癩患者がきた。当然ほかの入浴者はみな逃げだしたが、お栄はあとに残って、女の背中まで流してやったという。お栄は慈悲心に徹した生まれつきだった。

澁澤の祖先は、足利の後裔《こうえい》澁澤隼人《はやと》だという説と、甲州から出て上杉に属した者だという説がある。市郎右衛門は祖先の話が出ると、「百姓にそんなことはどうでもいいじゃないか。どうせこんな田舎へきて百姓するくらいだから、碌《ろく》な人間ではなかったのだろう。それをかれこれ詮議《せんぎ》立てするのは、かえって先祖の恥をさらすようなものだ」と笑っていた。

※2 現在、観光名所となっている旧渋沢邸「中の家（なかんち）」の住所は、「埼玉県深谷市血洗島247－1」。「血洗島」の由来としては、「戦の際に兵が傷を洗った場所だから」「利根川の氾濫で荒れた土地→地荒れ→血洗となった」など諸説ある。

※3 栄一の親戚筋で、当主が代々「渋沢宗助」と名乗る家系。栄一の伯父当たる三代目宗助（誠室 1794－1870）は養蚕改良家として名高い。その子孫には、小説家の渋沢龍彦（1928－1987）、作家・トルコ研究家の渋沢幸子（1930－）、詩人の渋沢道子（1933－）らがいる。

※4 ハンセン病患者。感染力は極めて弱い。現在では化学療法剤が出現し、日本での新しい患者の発生はほとんど見られない。

4 幼年時代

中の家は人の出入りが多かった。まだ母の乳房を離れきらないころから、榮一は来訪者が帰るとき、戸障子をピッタリしめずに出てゆくと、大きな声で咎めるように「また戸をしめずにいく」と口走る。母親は客に悪いから榮一を制するのだが、幼児はおかまいなしに真実を語る。「ゲスの一寸ノロマの三寸バカの明けっぱなし」という諺《ことわざ》もあるくらいだから、はじめての客などはバツの悪そうに戸を締めなおす。だからお栄は客のくるたびにハラハラしたという。へんに几帳面な赤ん坊がいたものである。

思い出

私の学生時分、家で廊下を通ってゆく父がスキマのあいている戸障子を見ると、いちいち締めていったことを思いだした。「三つ子の魂百まで」だ。父はなるほどそんな赤ん坊だったのかと、ほほえましくなる。

榮一は五つの年から父市郎右衛門に「三字経」[※5]を習った。いわば旧幕時代の初等読本だ。そして七つの年から、父のかわりに榮一の従兄尾高新五郎[※6]が四書五経（大学、中庸、論語、孟子および易経、詩経、書経、春秋、礼記）を教えてくれた。新五郎は藍香と号した。まだ十七歳だったが、ひとかどの学者として近郷近在に聞えていた。彼の家は中の家から一キロほど離れた手許《てばか》村にあり、農作や藍玉製造のほかに雑貨なども商っていた。榮一はよくそこへかよった。

藍香は堅い書物以外に興味本位の読書もすすめた。そして榮一が最初に読んだ小説は「俊寛物語」だった。そのおかげで読書の楽しさを知り、「十八史略」「日本外史」「通俗三国志」「里見八犬伝」などに読みふけった。十二歳の正月、年始まわりに出て、本を読みながら道を歩いていたため溝川に落ち、春着を台なしにして母親に叱られたという話もある。本好きの榮一は、記憶力も理解力も人なみはずれてよい子だった。

榮一は生来犬が好きだった。七、八歳ごろから家に強い犬を飼ってもらい、近所の子どもを集めて自分がその犬を引きつれ、近村の犬とケンカさせて歩く。彼が最後に手に入れたクロという猛犬は純粋の日本犬で、耳は竹をそいだように立ち、尾はキリリと巻きあがっていた。全身漆黒《しっこく》の毛並だが、眉間《みけん》にただ一点、白い毛の星があった。クロの向こうところ敵なく、犬を飼っている家ではその姿を見ると、「ソラ澁澤のクロがきた」とばかり、飼い犬を屋内に締めこんだという。

ある晩榮一が尾高の家に泊ったとき、自分の寝床へひそかに愛犬を入れて眠ったため、翌朝尾高の叔母に見つけられて、ひどく叱られたという。ことによるとそれがクロだったかもしれない。

思い出

私の旧制高校時代の夏休みだから、父はもう七十二、三になっていた。朝食を共にしていると、飼い犬が縁側にアゴを乗せて尾をふり鼻をならしながら、こっちの食事を恨めしそうに見ている。

父は食事がすむと食べ残した皿を持って縁側へ立ち、自分のハシで犬の口へ食物をさらいこんでやる。犬は桃色の舌をフキンのようにひるがえして、皿といわずハシといわずなめまわす。しかし父はいっこう平気で犬の頭を軽くたたきながら、「もうおしまいゾ」といい聞かせていた。犬といっしょに寝た少年の姿が、この記憶をオーバーラップしてゆく。

※5　11世紀、宋代の中国でつくられた学習書。日本にも伝来し、江戸時代には寺子屋の教科書などとして広く使われた。「養不教（養いて教えざるは）　父之過（父の過ちなり）　教不厳（教えて厳《げん》ならざるは）　師之惰（師の惰《おこたり》なり）」のように、韻を踏んだ3字句で道徳等を諭している。

※6　尾高新五郎（1830－1901）尾高惇忠。新五郎は幼名。渋沢の従兄弟（父の姉の三男）であり、のちに義兄（妻の兄）ともなる。戊辰戦争時には、彰義隊に加わり、飯能戦争で新政府軍に敗北。その後は富岡製糸場初代場長、第一国立銀行勤務など実業面で渋沢と関わりを持った。

ちなみに、すぐれた作曲家に贈られる「尾高賞」にその名を残す指揮者、作曲家の尾高尚忠《ひさただ》（1911－1951）、法哲学者で東大教授の尾高朝雄《ともお》（1899－1956）、社会学者で東大、上智大教授の尾高邦雄（1908－1993）らは孫、指揮者の尾高忠明（1947－）はひ孫に当たる。

5 ませた子

市郎右衛門は藍葉のよしあしの鑑定や、藍玉の製法が抜群に上手だった。

藍玉を作るには、納屋にムシロを敷いて上に藍葉を積みかさね、水を適当にかけて、また上からもムシロをかぶせておく。そのことを「寝かす」という。すると醱酵作用で熱が出てくる。むろん寝かしている間も、水加減やムシロの厚さなどに注意する。上手に寝かした藍葉でこしらえた藍玉は色がよく染まるので、値も高く売れる。六十日も寝かしてから灰汁《あく》を入れて臼《うす》でつくと、黒い餅みたいになる。それを直径六寸ほどの団子に丸めたのが藍玉である。

市郎右衛門はよく榮一を藍葉仕入れの旅に同伴した。だから榮一も「門前の小僧」で、習わぬ商売を覚えこんだ。ところで榮一が十四の年、市郎右衛門が信州上州の紺屋まわりをしなければならないので、藍葉の買いだしにゆけない。そこで妻の父只右衛門に頼んだ。そして榮一にも、お祖父《じい》さんについてゆけと命じた。

只右衛門は顔にコブがあるので、「コブのじいさん」と呼ばれていた。十四歳の榮一はコブといっしょに歩くのは気が進まない。この人は中の家が左前になったころ、ただ漫然と見ていただけの当主で、人はよかったがあまり役には立たない。おまけに年のせいでいくらかボケてきた。榮一はそんなモウロク爺《じい》さんの伴《とも》をしてゆくのが恥ずかしかった。

それでも第一日は祖父について矢島村へいった。しかしコブのコブでは肩身がせまい。そこでなんとかうまく祖父をいいくるめて、なにがしかの金をもらい、単身新田村へ買いだしにいった。しかし鳶口髷《とびぐちまげ》の十四の子で小柄ときている。店の者は相手にしてくれない。そこで榮一は、父が藍葉を仕入れるとき、まるで医者が病人を診察するように、藍葉を点検してゆくことを思いだし、それを真似して巧者な口をきいた。

「この葉は乾燥が不十分だったね。こいつは肥料がわるいや。魚粕をつかわなかったろう？　お前さんの藍は下葉が枯《あが》ってるじゃないか。こいつはまた茎の切りかたがまずいね」

こんな調子でマクシ立てると、それがドンピシャリなので、最初はバカにしていた商人たちも、「こりゃおどろいた。眼のきく不思議な子がきたもんだ」と感心する。おかげで榮一は多くの店から上質の藍を安く仕入れることができた。

初日に味をしめた彼は、祖父が「ワシもいっしょにいかなければ」というのを押しとどめ、翌日も翌々日も一人で買いあつめた。後日、旅から帰宅した市郎右衛門はその藍葉を見て、榮一の鑑定を大層ホメたそうである。榮一の利発さは、最初から実世間的かつ常識的だったといえよう。

この十四歳少年は父に伴われてはじめて江戸見物をした。嘉永六年（一八五三）で、黒船渡来の二カ月前だったという。後年榮一はそのときの印象を「江戸の町がまぶしいように見えた」と驚き、町々の木戸が堅く閉ざされていたことや、参勤交代の大名行列が大業だったことを語っている。

二度目の江戸見物はその翌年で、叔父の保右衛門に連れてゆかれた。ある日二人は一つ橋辺で道に迷い、桔梗《ききよう》門の前に出た。いかめしい城門が空高くそびえている。叔父も甥《おい》も田舎者らしく見上げながら、ついウカウカと門内へ踏みこんだ。すると人相の悪い折助《おりすけ》（武家のしもべ）が門番だまりから出てきて、「コラコラ百姓！　なぜご門内にはいった。泣いても吠《ほ》えてもここはご城内だぞ。こうしてくれるから、ヒボシにでもなってしまえ……」と、二人を物置きみたいな小屋に押しこめ、戸をピシャリと締めていってしまった。

保右衛門も榮一も、どうなることかと途方にくれた。しかし榮一はふと父が世間話に「地獄の沙汰も金次第」といっていたのを思いだし、叔父に「金をおやりなさい」とすすめた。しかし正直一途の叔父は、そんなことをして罰が重くなったら大変だと渋る。そこへ最前の折助が顔をだしたので、榮一は「早く早く」とせき立てる。そこで叔父も思いきって折助の手に金を握らせた。すると打って変わったエビス顔になり、すぐ二人を釈放してくれた。律気一方の保右衛門は「お前の気転で助かった」と大変に喜んだそうだ。草深い田舎の旧家で、一粒種の坊っちゃん育ちをした十五の子にしては、榮一の世間知も相当なものだ。

6 レジスタンス

前回の江戸見物のおり、榮一は叔父にも見てもらい、小伝馬町で自分用に桐の本箱と桐の箱にはいった硯《すずり》を買った。一両二分というから立派な品だったに違いない。帰宅してから父にその話をして、値段まで告げたが、「ああそうか」といっただけだった。ところが届いた現品を見せると、父は怒りだした。

「お前はなぜこんな分不相応の贅沢なものを買った。今からこんな心がけでは、この家を無事安穏に守り通すことはできない。こんな品は使ってはならない。早く焼いてしまえ。ああワシは不孝な子を持った」

父は殷《いん》の紂王《ちゅうおう》が象牙の箸《はし》を作ったとき箕子《きし》が嘆いて、象牙の箸を作った以上食器も贅沢になり、それにつれて料理も美味珍味を求め、衣服も華美に走り、住居も贅をきわめる。一事が万事だ。十五の子がこんな分不相応の品を買ってくるようでは行末が思いやられるといって、叔父保右衛門が取りなしてくれてもなかなかゆるさない。しかもそんな不機嫌が四日も五日もつづいた。

「何もそれほどのことでもないのに、大業な！　あんまりだ！」榮一も反感さえ持って父親の愛情まで疑いたくなった。しかしその半面、ああまでいうのだから、自分にはそんな悪傾向があるのかしらと、わが心を恐れる気にもなって、物悲しいユウウツな幾日かをすごした。榮一に物心がついて以来、父に叱責された最初にして最後のものだ。それはむろん「消費の美徳」発生以前の常識だった。

あるとき榮一の姉お仲に縁談がきて、彼女も乗り気になったが、相手の青年は「おさきぎつね」と呼ばれる家筋のものとわかった。俗にいう「きつねつき」つまりは精神病の血統なのである。そこで市郎右衛門の実父宗助がつよく反対して破談になった。

するとそれを悲しんだお仲が、精神に異常を呈しはじめた。今の精神分裂病である。むろん両親ともひどく心配した。お仲は涙を流しているかと思うと、急に粗暴になったりする。年ごろの娘だから、ほかの男に看病させるわけにもゆかない。榮一はその役を買って出た。

姉は家の裏にある淵のそばに立つのが好きだ。榮一が用心して姉の袂をおさえていると、それをうるさがって激しく弟を罵ったりする。しかし弟はさからわずに優しくいたわりつづける。近所の人たちは遊びたいさかりの年ごろの榮一が、実によく面倒を見るので感服したそうだ。

ある年市郎右衛門はお仲を連れて上州の室田へ出かけた。滝に打たせて病気をなおそうというのである。するとその留守に宗助の母はお栄を説きふせて、中の家へ遠加美講《とおかみこう》の修験者を招くことに話をきめた。迷信嫌いの市郎右衛門が留守になったからである。中の家にあんな娘が出たのは何かのタタリに相違ない。霊験あらたかな行者のご祈祷でオハライをしてもらおうというのだ。父に似てやはり迷信嫌いの榮一が反対しても、まだ十六歳の少年だから受けつけられなかった。

行者は室内に注連《しめ》を張り、ご幣《へい》を立て、行衣を着て端座し、中の家の飯焚《めした》き女を「中座」に選んだ。つまり霊媒である。目隠しされた霊媒はご幣を持って中央の席に坐る。行者の呪文《じゅもん》に和して、一座の信者たちも「トオカミ・エミタメ……」などと唱える。そのうち昏々と眠っていた中座がご幣を振りはじめる。すると行者は彼女の目隠しをほどき、前に平伏してうかがいを立てた。中座は気味の悪い声を出していった。

「この家には金神《こんじん》と井戸の神のタタリがある。また無縁仏のタタリもある」

とたんに宗助の母は得意そうに「なんとあらたかなものじゃないか。そういえば昔この家から伊勢参りに出たっきり、ゆきがた知れずになった人がいた、という話を聞いたことがある。きっとそのタタリに違いない」

そのとき突然榮一が行者に質問した。

「その無縁仏の出たのはおよそ何年前ですか?」行者は榮一を見てから霊媒にたずねる。

「およそ五、六十年前なるぞ」うわずった声がひびく。

「そのときの年号はなんといいますか?」榮一の第二問が飛んだ。

「天保三年ごろなるぞ」

とたんに榮一はこう突っこんだ。

「天保三年は今から二十三年前に当たります。五、六十年もたってはいません。人の家の古い無縁仏まで見通すほどの神様が、子どもにもわかる年代を間違えるのはおかしい。そんなお告げは信用できません」

宗助の母はハラハラして「そんなことというと神罰が当たる」と榮一を制したが、彼の言葉は誰が聞いてももっともである。行者も
「ただいまのは、おおかた野狐《やこ》でも乗りうつったのであろう」と言葉を濁した。

「野狐なら供養する必要はありません」

榮一は待ってましたとばかり、こうトドメを刺した。いきおい一座は白けわたる。行者もバツが悪いので祈祷を中止し、憎さげに榮一をにらみつけながら帰っていった。

後日室田から帰宅した市郎右衛門は妻からこの話を聞いて、「いかにもあの子のやりそうなことだ」と愉快そうに笑った。ちなみに宗助の母は、それ以来加持祈祷の類をフッツ

りやめてしまったという。またお仲の病気はその後全快し、別の人と結婚して子まで生んだが、一家にそんな病気は二度と出なかった。

市郎右衛門はむろん榮一の聡明さを喜んだ。しかしこの跡つぎ息子が学問や剣術に凝《こ》って農業を嫌っては困ると考え、十四ぐらいから家業を手伝わせた。もう七十六、七になるコブの祖父が隠居所から出てきて、耕作にゆく孫をうれしそうに見ながら、「気をつけなよ。鍬先《くわさき》に足を噛まれるなよ」などと注意する。榮一は下肥《しもごえ》もかつぎ、縄もない、ワラジも作り、蚕も飼い、藍玉もこしらえた。

中の家は領主安部摂津守の御用達《ごようたし》だった。これはありがた迷惑な名誉職だった。ある晴れた秋の日、岡部村の陣屋から市郎右衛門に出頭を命じてきた。しかし彼は風邪だったので、十七歳の榮一が代りにいった。彼は父と同年輩の今井紋七や小暮磯右衛門と二里の道を同行した。

代官屋敷では一同平伏している前で、代官が横柄に口をひらいた。

「このたびお姫様がお輿入《こしい》れ遊ばすについては諸事おもの入りにつき、そのほうどもへ御用金を申しつける。お目出たき儀の御用金だから名誉この上もない。右ありがたくお受けするよう」

そして澁澤宗助は千両、澁澤市郎右衛門は五百両などと割りあて額を読みあげる。一座は一家の主人ばかりだから、みな平伏して即座に承諾したが、榮一だけはこう答えた。

「……私は父の名代で参りましたから、帰宅して父に申しきけました上、お受けいたしますす場合は改めて……」

まだ言いおわらないうちに、そばにいる今井と小暮は顔の色を変えて「よせ、よせ」と榮一の袖《そで》を引いた。しかし榮一はよさない。と、代官の表情が見る見る険しくなった。

「タワケたことを申すな。そのほう一体お上《かみ》の御用を何と心得る。これしきのことが即答できんで、それで親の名代と申せるか。このふとどきものめ！」

しかし榮一は依然として「私は名代で参りましたから……」をくり返した。そこで代官もいよいよ腹を立て
「お前はもう十七で、なかなか利口だというではないか。どうだ、そろそろ女郎買いの

味も覚えたろう。もっと大人《おとな》らしい分別を出して、あとさきを考えろ。わかりきった話ではないか。即刻お受けいたさんと、そのぶんにはすておかんぞ」

榮一は憤りと口惜しさに全身がワナワナふるえた。そして執拗《しつよう》に同じ返事を頑張り通した。代官もこんな強情な子を見たことはなかったろう。とうとう根負けしてそのまま帰した。

陣屋を退出した榮一は、秋晴れの稲田も遠い連山も目にはいらなかった。彼の頭は代官の侮辱でいっぱいだった。

領主は定期的に年貢《ねんぐ》を取りたてていながら、なぜ農民から不時の金まで取りあげるのだろう？　それも貸した金を取り戻すのよりも権柄《けんぺい》ずくなのはどういうわけだろう？　あの代官の言動を見ると、知識教養ある人物とも受け取れない。そんな男に、なぜああまで威張り散らされなければならないのだ！

そもそも人間の尊卑は、その賢愚や徳不徳によって生じる。それが理の当然だ。ところが、あんな男が横柄にかまえているのは、彼がただ侍《さむらい》だからである。武士と百姓になぜこう身分の差別があるのだろう？　事の理非曲直を度外視して、武士だから威張り、農民だから平伏する。そんな階級制度は間違っている。それというのも幕政が悪いからだ。……

家に帰りついた榮一は代官所の一部始終を話して、自分の憤懣《ふんまん》を父に訴えた。しかし市郎右衛門は「それが泣く子と地頭で仕方がない。御用金は明日納めてくるがよい」と答えた。榮一はその通りにしたが、父の諦めている「泣く子と地頭」も、子には諦めきれないシコリとなって残った。

思い出

晩年の父はこの話が出ると「親がなければ代官をハリトバシて出奔《しゅっぽん》したかもしれないよ。あんな腹の立ったことはなかったね」と笑っていた。

7
危険思想

このへんで幕末の情勢にふれておこう。

アメリカのペリー水師提督が「黒船」をひきいて浦賀に迫ったのは嘉永六年（一八五三）で、榮一が十四の年だった。「評判記」と称する今の新聞号外みたいなものが、この恐るべきホット・ニュースを血洗島へも伝達した。

日本の小船何十艘で黒船を囲んでも、大きくて囲みきれないとか、梯子《はしご》をかけても舷《ふなべり》が高くて届かないとか、火事のような黒けむりを吐いてひとりでに走るとか、ヒゲムジャの毛唐人が上陸したから日本はもう取られてしまうとか、大変な騒ぎだった。榮一は子ども心にも、耳もとをガンと打たれたような気がしたという。

そのふた月前、彼は父に連れられて江戸へ出ている。そのとき猿若町で芝居見物をしたが、後年の五世尾上菊五郎がまだ十歳の子役で、「鼠小僧」の「蜆《しじみ》売り三吉」を演じて大好評を得た舞台を見たのである。しかし市郎右衛門は猿若三座の芝居町や吉原遊廓に浮薄な浮かれ男が充満しているのを見て、安逸遊惰な世相に慨嘆し国を憂えたという。彼は質実な律義者だから、息子の手前だけ慨嘆して、あとでコッソリ吉原へゆくような横着者ではなかったに違いない。

それはともかく、そういう父の感化を受けて、榮一も子どもながらに「黒船来」を心痛したものと見える。そしてそれは彼の関心事が儒教的な「修身斉家治国平天下」のコースをたどって、一身から一家へ、一家から一村へ、一村から一国へと飛躍してゆく第一歩だった。

アメリカの通商要求に対して、国内には和親抗戦の両論がフットウした。すると今度はロシアのプチャーチン提督が長崎へきた。日本の不安は高まる一方だ。幕府もこの嘉永六年には品川湾に台場を築いたり、大船製造禁止の法を解除したり、幼稚なドロナワ式国土防衛をはじめた。

翌安政元年にはペリーがまた浦賀へきた。幕府は下田、函館二港を開く約束をした。つづいてイギリスのシーモア提督も長崎へきた。そして八月にはイギリス、十二月にはアメリカ、ロシア、都合三国と和親条約を結んだ。

鎖国論者は京都の朝廷を動かして対抗した。そして「尊皇論」が攘夷倒幕と結びついた。幕府の権威は日ましに低下する。嘉永六年からの数年間だけでも、老中の交替は十余人に及び、安政五年に大老となった井伊直弼も、二年後には桜田門で暗殺された。要は尊皇攘夷鎖国倒幕の論と、開国佐幕の説が火花を散らしてキシミ合った所産である。

ところで尾高新五郎（藍香）は水戸学派に傾倒していた。それは当時の気骨ある青年を魅了した学風である。だから新五郎は藤田東湖や会沢正志の論調に心酔して、幕府の開港を痛烈に非難した。

「国は鎖《とざ》さなければならない。夷狄《いてき》は攘《はら》わなければならない。彼等のいう通りに和親通商を許すのは、城下の盟《ちかい》を結ぶにひとしい。そんな汚辱がまたとあろうか。日本に戦う力があってこそ、真の和親は結べる。それなくして結ぶ和親は、屈従だ。犬や豚の前に屈従する。神州の人間にそんな真似ができるか？　開国を許した幕吏は国賊で、鎖国を主張した水戸派の人士は神州の精華を発揮した忠臣だ」

学徳が高く識見のある先輩の思想に、純真な青年が影響されないはずはない。栄一は十歳年長の新五郎から思想的洗礼を受けた。そしてこれも新五郎の勧めだったかもしれない「清英《しんえい》近世談」を読んでいた。それは清《しん》の林則徐がイギリス船の積んできた阿片を焼き払ったため、イギリスが清国に武力弾圧を加えた物語である。夷狄は人類に有害な毒物を他国へ売り、それを買わないといって戦争までしかけた。そんな蛮族に神州を汚されてたまるか！　栄一の胸にも攘夷思想の火がもえあがった。そして後年の栄一は当時のことをこう述懐している。

「もし藍香（新五郎の雅号）の悲憤慷慨《こうがい》がなかったら、私も一生安閑として血洗島の百姓で終わったかもしれない。だから私を故郷から出奔させたものは、藍香が水戸学に感化された、その余波である」

後年、日本の若い共産主義者が、先輩からマルクスやエンゲルスを吹きこまれた場合の感動も、これに似ていたのかもしれない。

尾高新五郎は剣を大川平兵衛[※7]に学んだ。平兵衛は後年の実業家大川平三郎の祖父で、当時川越藩の剣術指南だった。新五郎も相当できたらしいが、弟の長七郎[※8]は飛びぬけて強かった。そして榮一は大川平兵衛の門人の免許皆伝の澁澤新三郎に教わった。流儀は神刀無念流。そして従兄の澁澤喜作[※9]も同門だった。

農閑期がくると榮一は長七郎について、野州上州辺の道場へよく他流試合に出かけた。どこへいっても、長七郎に歯の立つ相手はいなかった。また、時おり江戸からくる剣客でも、彼に勝つものは滅多にいなかった。

思い出

長七郎は父と立合うとき、よく面《めん》をかぶった自分の頭上に右手でシナイを水平に乗せ、それをクルリと回転させて手を放す。父がそのスキをねらって打ちこむと、彼は一瞬早く回転してきたシナイのツカを握って、片手上段にピシリと面《めん》へきたそうである。

年に数回、榮一は父市郎右衛門の伴《とも》をして信州辺の紺屋まわりに出かけた。和服に角帯で、半股引《はんももひき》に脚絆草鞋《きゃはんわらじ》、腰には道中差《どうちゅうざし》を一本、雨具、帳面その他の旅行用品は振分《ふりわけ》にして肩にかける。紺屋は藍玉屋を大事にしたから、自分の家に泊めて食事も出してくれる。ある年の正月、信州上田で榮一は雑煮を食べすぎて黄疸《おうだん》になった。旅先の年始まわりで大きな餅を十数日間も食べたためである。

「お前があまり食べすぎるから悪いのだ」という市郎右衛門に、榮一はこう答えている。

「そりゃ無理ですよ。お父さんは雑煮を辞退なさって、その申しわけに『お前いただいたらどうだ』とおっしゃる。だから我慢して無理に食べたのです」

榮一はこういう商用の旅に、新五郎やその弟長七郎ともよく出かけた。三人は互いに漢詩や漢文の紀行をものして、青年らしく旅を楽しみあった。ただし紀行といっても、時事を論じた慨嘆調が多い。三人とも自分たちのことを「刀陰之耕夫《とういんのこうふ》」(利根川べりの農夫)

などと書いているが、彼らの心は旅に出ても「天下の志士」気どりだった。

幕末の世相は彼らの憂国の情に拍車をかけた。「水滸伝《すいこでん》」を愛読していた彼らは、ひそかに手許村の尾高宅を「梁山泊《りょうざんぱく》」と目し、百八人の豪傑ではないが、同士を集める下心をいだいた。だから長七郎はよく野州や上州の旅先で、これはと思う青年を物色した。また時には江戸の海保塾にはいって学問をおさめる一方、伊馬軍兵衛の道場で剣術を習いながら、気骨のある青年たちと深く交際した。

それと呼応して田舎の三人も、時おり江戸からくる儒者や剣客に天下の大勢を聞いたり、大いに国事を談じたりした。みな若いから功名心にも燃えていたろう。しかしその共通点は国の前途に対する憂慮だった。

市郎右衛門にこの気配が察しられないはずはなかった。彼は手許村の「梁山泊」を気にしだした。新五郎も長七郎も喜作も榮一も、それぞれ有為で頼もしい青年ばかりだ。ことに榮一は将来を嘱望している自分の跡取り息子である。その彼が読書と剣術と政治論に没頭して、メッキリ百姓ばなれしてきた。もし家業を捨てられては大変だ。まして政治的な陰謀でも企てられたら一大事である。これが市郎右衛門の心痛だった。

安政五年（一八五八）の暮、榮一は妻を迎えた。花嫁は尾高新五郎の妹千代（尾高勝五郎三女）で、その母は市郎右衛門の姉に当たる。だからいとこ同士の結婚だった。かぞえどし十九の新郎に十八の新婦である。いくら昔の田舎にしても、早い婚期だったろう。

榮一は評判の末頼もしい若旦那である。すでに近村一帯の人望を得ている彼が、新しく愛妻まで得たのである。子でも生まれたら村に落ちつくだろう。市郎右衛門にこんな配慮があったろうことも想像される。しかし豊かな家も、居心地のよい村も、妻や父母や親戚の愛も、榮一の青年らしい情熱の浮揚力を押えるオモシにはならなかったのである。

千代夫人　渋沢史料館所蔵

※7　大川平兵衛（1801－1871）神道無念流の達人。川越藩剣術師範役にて渋沢新三郎の師。新三郎が免許皆伝となるまでは、渋沢栄一も大川平兵衛の弟子という建前になっていた。平兵衛は、39歳年下の栄一を連れて、近隣に出稽古に出かけたこともあったという。
のちに、この平兵衛の息子（二男）が、渋沢栄一の妻・千代の姉と結婚するため、渋沢とは縁戚関係となる。また、この二人の子（平兵衛の孫、渋沢栄一の義理の甥）が、渋沢の支援を受けつつ実業界で活躍することになる大川平三郎である。競馬評論家の大川慶次郎（1929－1999）は平三郎の孫。

※8　尾高長七郎（1836－1868）尾高新五郎の弟。剣術のみならず、詩文にもすぐれ、幕末期の渋沢に大きな影響を与えていく。
晩年に渋沢は「余が忘れがたき人々」という談話の中で長七郎のことを「大兵で腕力あり撃剣に於ては非凡の妙を得た人であつた」「自分等の先導者であつた」と語っている。

また、数え年33歳という早すぎる死に関しても、「才能の士、何ぞその末路の余りに不幸なる」と述懐している。

※9　渋沢喜作（1838－1912）通称、成一郎。幕末期に従弟の渋沢栄一と行動をともにしたのち、戊辰戦争にも大きく関わる。維新後は、大蔵省入省後、商いの道に進み、東京株式取引所理事長も務める。
渋沢栄一は喜作のことを「兄弟同様の間柄」と語り、晩年、ともに将棋好きだった思い出などを語っている。

8 地下運動

文久元年（一八六一）の春先、榮一は父に江戸遊学をせびって、やっと許しを受けた。二十二の年である。

江戸で彼は儒者海保章之助の塾にはいった。そして五月ごろにはお玉が池の千葉道場に入門した。儒学と剣術を学ぶのが主目的ではなく、そういう場所に集まる青年のなかから、同気相求めるような硬骨漢を物色して、「梁山泊」の豪傑をふやしたかったのである。

翌文久二年の正月には、江戸で坂下門の変がおこった。大橋順蔵の輩下である数人の同士が、閣老安藤対馬守の登城を坂下門で襲ったのである。以前からその一味に関係していた長七郎は、その計画を知らせに江戸から帰村して新五郎、喜作、榮一の三人に相談した。

すると三人は、一安藤を暗殺しても第二、第三の安藤が現われる。もっと抜本的な打撃を与えない限り、幕政を改革することはむずかしい。そんな中途半端な計画で長七郎を失うのは愚だ。……これが三人の結論で、長七郎もその意見に従った。そこで新五郎は大橋に会って、われわれが不賛成ですから、長七郎は今回の企てから脱退させますと断った。

そのうちに幕府は大橋の陰謀を探知して、文久二年正月十二日に彼を捕縛した。そこで大橋の残党は彼の意思をついで正月十五日に安藤を襲撃した。しかし安藤は傷ついただけで、同士六人はその場に討たれ、他は捕えられた。吟味の結果、長七郎にも幕府の嫌疑がかかり、手許村へも捕吏の手が伸びてきた。

このホット・ニュースが深谷在に伝わる数時間前に、何も知らない当の長七郎は手許村の家を出て江戸に向かっていた。その夜、彼の出発を親類から聞いた榮一は愕然とした。長七郎が江戸へゆくのは、それこそ飛んで灯に入る夏の虫だ。榮一は旅支度もそこそこ、夢中で家を飛びだした。長七郎が、今夜は熊谷泊りだ、といったというのを頼りに、あとを追ったのである。もう夜のふけた田畑に、赤城おろしが吹きすさんでいた。

息のつづく限り、足の動く限り、榮一は四里あまりの道を急いだ。熊谷に着いたころは、暁の色がまだ眠っている宿場町を浸して、屋根々々の霜がホノ白かった。と、人通りのない町筋に、たった一軒、戸のあいている家があった。長七郎の定宿《じょうやど》小松屋である。榮一は息せき切って駈けこんだ。見るとあがりがまちに腰かけて、草鞋《わらじ》の紐を結んでいる男がある。

それが長七郎だ！

間一髪というキワドイところだった。

「まに合ってよかった！」

「おや、君は？」

「君はじゃない。貴公何も知らんだろう？」

不思議そうな顔の長七郎をそとへ連れだして、榮一は一部始終を語った。さすがに長七郎も驚いて彼の好意に感謝した。榮一は新五郎の提案に従って、長七郎を間道伝いに信州へゆかせた。佐久郡には新五郎や榮一の知っている剣客木内芳軒がいたのである。その日榮一は長七郎を妻沼《めぬま》まで送った。

当時攘夷論の本場だった京都には「学習院」なる学舎があって、諸藩から集まる「御寄人《おんよりびと》」と称する論客たちが、盛んに国事を論じていた。榮一は長七郎に、信州でホトボリをさましたら京都へまわり、学習院の様子を見がてら、天下の大勢を探るように頼んで袂をわかった。

ここで話を中の家に移す。文久二年二月、榮一の妻千代は長男を生んだが、嬰児のうちに麻疹《はしか》で死んだ。そして翌年の八月に長女宇多《うた》が生まれた。後年穂積陳重（重遠の父）※10に嫁した歌子である。その歌子がまだ胎内にいる早春のある夕方、部屋のなかの千代は、榮一が藁束《わらたば》の跡始末をしながら、漢詩を吟じているのを耳にした。

「雄気堂々斗牛を貫く」という辞句にはじまる七言絶句で、誓って君のために頑悪な仇《あだ》を取りはらおう、一身の出世などは問題でない、という意味だった。

障子の陰で針仕事をしていた千代は、夫もこの詩と同じ思いの人だから、いつ家を飛びだすかわからない。そうなれば舅《しゅうと》、姑《しゅうとめ》への孝養から、やがて生まれてくる子の養育その他の家事万端を身一つに引きうけて、あてのない夫の帰宅を待たなければならない。「国事」に熱中している夫は平素ロクに世間話もしてくれない。熱中する対象が「国事」という至上命令だけに愚痴や文句もいいにくい。あれこれ考えるとツイ不覚の涙が千代の頬を伝わって、縫っている産衣《うぶぎ》をぬらすのだった。

ところで新五郎、長七郎、喜作、榮一らの幕府に対する憂国的反抗は「尊皇攘夷」の旗印を得て倒幕思想へ進展した。それは気骨ある青年たちの哲学でもあり感情でもあった。そして命を投げだした行動派が、みな当時のインテリだったことは注目に価する。

文久三年(一八六三)の夏、榮一が江戸から帰郷したとき、長七郎はまだ京都にいたので、新五郎、喜作、榮一の三人は一つの具体案をまとめあげた。

異人の二人や三人切り殺したところで、生麦事件みたいに償金でケリがついてしまう。もっと大規模の騒動をおこさなければ幕府は倒れない。われらの同勢はすでに六十九人に達した。主将には尾高新五郎、副将格には尾高長七郎、澁澤喜作、同じく榮一もいる。また千葉道場や海保塾で物色した真田範之助、中村三平ら数人は参謀格の人物である。今こそ決然兵を挙げるときだ。万一事が破れても、倒幕の血祭りになるだけで立派な意義はある。

まず城を乗っとらなければならない。小さな城では天下に号令する足場として不十分だ。といって大きな城は乗っ取るのに手間がかかる。さいわい上州の高崎城は七、八万石の大名の城だから手ごろである。「八犬伝」の里見義実が安房の滝田城を攻略した故知にならって、深夜提灯を手にした農夫たちに「お願いがございます」と訴えさせ、門番が門を開いたところへ無二無三に突入して、一挙に城を攻めおとそう。

さて城を取ったら、尊皇攘夷の大義明分を天下に呼号し、鎌倉街道を一気に押し進んで横浜へむかう。いくら幕府が衰えていても近道の江戸街道には旗本や大名がいるから、少し遠まわりでも鎌倉街道を選ぶ。高崎から吉井、八王子、拝島、飯能、箱根が崎を通って軍を進めれば、風《ふう》を望んで麾下《きか》に馳《は》せさんじる志士も少なくないだろう。

そして旗鼓《きこ》堂々と横浜に攻め入り、残らず異人館を焼きはらって片っぱしから異人を切り殺す。焼きうちは火早い季節[※11]に限る。十一月二十三日は冬至だから、一陽来復の吉日である。陽気発するところ金石みな透《とお》る。精神一到何事か成らざらんやという、何とも楽観的な小説的構想だった。

今からみると無謀で漫画じみた計画も、彼ら同士たちには血湧き肉躍る壮挙だった。そのとき新五郎は筆をふるって、こんな檄文《げきぶん》を書いたのである。

神　託

一　近日高天ケ原より神兵天降り

皇天子十年来憂慮し給ふ横浜箱館長崎三ケ所に居住致す外夷の畜生共を不残《のこらず》踏殺し、（中略）畜生の手下に可相成苦難《あいなるべきくなん》を御救ひ被為《なされ》候間（中略）異人は全狐狸同様と心得、征伐の御供可致《いたすべき》もの也（中略）

天地再興文久三年癸亥冬十一月吉辰神使等　印　謹告

告（下略）

当所年寄共エ

この誇大妄想的文章も、当時は大いに同士を感憤させたものだったろう。げに時代の推移ほど偉大な魔術師はほかにない。

ある秋の一日、榮一は単身江戸へ急いだ。赤羽を越えると夕方になり、暮れ早い街道にチラホラ灯がともりはじめた。江戸に近づくにつれて、幕吏の眼も光る。いつもは志士らしいナリの榮一も、その日は王子辺で旅商人に姿をかえた。そして神田柳原の武具商梅田慎之助宅へこころざした。

あたりの静けさに気をかねながら、榮一は戸をたたいた。中からあけたのは慎之助自身だった。見ると榮一が思いがけない時刻に、商人姿などで立っている。何かあるなと直感した慎之助は、まだ店先にいた職人をほかへやり、自身ですすぎの水を運んでから、榮一を奥の土蔵の二階に案内した。

榮一は慎之助の眼を見つめながらいった。

「実は、刀と槍を百二、三十本。それに着込《きこみ》（牛のナメシ皮を鎖で亀甲型に編んだもの）八、九十枚ほしいのだが……」

「旦那、いったい何になさるので？」

「それは聞いてくれるな。君を男と見こんで頼むのだ。一つウンといってもらいたい」

主人は少し考えてから大きくうなずいた。

「ようがす。あっしも男だ。一度は旦那のお役に立ちたいと思ってたところです。引きうけました。長いことは申しません。ご窮屈でも十日ばかり、この土蔵に隠れていておくんなさい」

小気味のいい返事に榮一もホッとした。

慎之助の女房も天野屋利兵衛を女にしたような気性で、何くれとなく気を配ってくれる。榮一はお玉が池の道場にいる同士をその土蔵に呼びよせて、挙兵の具体案を協議した。

こうして集めた武器は、いつも手許村の植木屋松村紋次郎が両国か千住で船積みする。

彼は武器の上を商売物の植木や薪でカムフラージし、利根川をのぼって中瀬村へくる。そこから陸路新五郎の土蔵や中の家の藍倉へ運んだ。その中瀬の回船問屋は石川五右衛門という大変な名だったという。

思い出

父の話によると梅田慎之助は明治になってから、白梅亭という寄席の席亭になり、父が大蔵省出仕時代によく家へ遊びにきたそうである。武具商が席亭となり、幕府への反逆者が官員となって昔語りをかわす。いかにも明治維新らしいエピソードである。

往昔、箱根の関所では「出《で》女《おんな》入《いり》鉄砲《でっぽう》」を特に厳重に警戒したという。関所から西へ出る女は密書などを隠し持つ場合が多く、江戸に鉄砲がはいってくるのは謀反の危険信号と見られるからだ。だから新五郎一味も鉄砲は諦めた。そして夷狄を追い払うには、神州の精気たる日本刀に限るという理屈をつけていた。

要するに、わずか七十人足らずの烏合の衆が、槍と刀で八百万石の徳川幕府を倒そうというのだ。「すべてが無か」をいさぎよしとする若さが、彼等に瓦全よりも玉砕を夢みさせたのであろう。

それにしてもこの挙兵計画の以後は、すべてものごとの前後をよく考察し、後年は実業家として収支計算を丹念にはじいた榮一が、このときばかりはこんな無謀な企業目論見書に飛びついている。それに対する自己批評が後年の彼を慎重な性格にしたのかもしれない。

思い出

後年家庭的な雑談のおり、兄の正雄が「何しろ高崎城乗っとりを計画なさった勇者ですからね……」などと父をからかうと、父は微笑しながら「正雄はそんなこといって私を冷やかすが、そのときは本気だったのぞ」と答えた。

晩年の父は世間からよく福徳円満な人といわれていた。だから暴挙の話を聞くと、私は不思議な気がした。同時に若いときは気魄の鋭い人だったろうという想像もついた。そういえば穏かなまなざしの底に、人の心まで見抜きそうな迫力も感じられた。

※10　穂積陳重（1856－1926）は、伊予国（愛媛県）出身の法学家。イギリスおよびドイツに留学して法律を学び、東大教授となって法理学講座を開設する。貴族院議員、枢密院議長として政治にも関与した。その穂積陳重と、渋沢の長女・歌子との間に生まれた重遠（1883－1951）も、成人後、東大教授となり、身分法の研究などに注力した。のちに東宮大夫、最高裁判所判事なども務めている。渋沢の影響で『論語』への関心が高くなったとされ、『新訳論語』などの著書もある。

※11　「火早い」とは「火の回りが早い」の意。「火早い季節」といえば、特に関東地方では、乾燥した空っ風の吹く冬季をさすことが多い。

9

農民の道、志士の道

「知識は思考させ、信念は行動させる」

これはフランスの医師で社会学者だったギュスターヴ・ル・ボン（一八四一―一九三一）の言葉である。最初新五郎から知識を注入された榮一は、思考の末に信念を体得して、いまや行動の段階へ移ろうとしている。

文久三年九月十三日の夜、後《のち》の月見という風流に名をかりて、榮一は新五郎と喜作を中の家に招き、父にも同席してもらった。栗名月などと呼ばれる十三夜だから、栗も一座に出ていたろう。

しかし榮一にとって、名月などはどうでもよかった。やがて秘密裡に兵を挙げて死ぬかもしれない身だ。その前に父から一身の自由を認めてもらった上、出来れば家の将来も相談しておきたかった。そのために新五郎や喜作というオブザーバーも用意したのである。しかし藪《やぶ》から棒に「勘当してください」とも切りだせないので、まず時勢の混乱から説きおこした。

幕政はゆきづまっている。やがて天下の乱れる日がくるだろう。そうなれば農民だからといって、安閑と鋤鍬を手にしてはいられない。国民の本分として国事に奔走すべきだ。そういう自由を与えてほしい。こんな主意を榮一も新五郎も喜作も力説した。

それに対して市郎右衛門は、幕府を批判するだけの見識を持つのはいいが、農民には農民の本分がある。国事を安閑と傍観していられないといって、農民のお前たちに何ができる。それこそ身のほどをわきまえぬ思いあがりだと反対した。みな儒教的教養があるから、孔子はこう教えている、孟子はこう説いているなどと、何時間も互いに所信を述べあった。しかし老人と青年たちの意見は、いつまでたっても平行線だった。おそらく十三夜の月は、よもすがらこの論議を照らしつづけたろう。そして暁の光が行灯《あんどん》の灯影を無視すところ、市郎右衛門は榮一の堅い決心にサジを投げた。

「もうお前はワシの子ではない。勝手にするがよい。ワシは幕政が悪かろうと、役人が威張ろうと、今まで通り百姓仕事に一生を送る。お前はそれがどうしても厭で、国事に奔走したいというのだから、望み通り自由にしてやる。こうなったらいくら親子でも、別々の道を歩くより仕方がないではないか。ワシも十年若返って、家業に精を出すまでの話だ」

シンミリ語る父の言葉に榮一も涙ぐんだ。そして自分は家の相続が出来ないから、妹お貞《てい》に養子を迎えて家督をつがしてほしい。また、国事に奔走すれば縄目の恥を受けて、家に迷惑をかける危険もあるから勘当してほしいと述べた。

市郎右衛門はこう答えた。「いま急に勘当したり、お貞に養子を迎えたら世間が怪しむから、もっと先の話だ。これからワシはお前の行動に口出しはしない代わりに、お前も道理だけは踏みはずしてくれるなよ。誠心誠意で正しい道を進むなら、事の成否や一身の安危は別として、ワシも満足だ。もし家に迷惑がかかれば、そのときのことだ。ところでお前は江戸へ出て一体何をするつもりだ？」

この質問には榮一も言葉を濁した。新五郎も喜作も黙っている。高崎城乗っとりなどはオクビにも出せない。すると父は座を立ちながら嘆息した。

「ああ、ワシはこの年になるまで親孝行というものは、子が親にするものとばかり思っていたが、親が子にさせるものだということをきょうはじめて悟った」

この皮肉な言葉は、子の人格が完全に父から独立したことと、家族制度を越えて個人の自由が確認されたことを意味している。

さて三人の青年は京都の長七郎に飛脚を送って挙兵計画の大要を告げ、一人でも多くの同士を引きつれて即刻帰郷するよううながした。そして榮一はさっそく喜作と二人で江戸へ出かけて挙兵の準備を急いだ。その江戸滞在中に二人は一つ橋家の用人平岡円四郎※12の知遇を受けることになった。

一つ橋家は幕府の親藩だが、当主徳川慶喜は水戸の出で尊皇の念に厚い名君といわれた。平岡はその用人中での実力者だった。「天下の権、朝廷にあるべくして幕府にあり、

徳川慶喜

幕府にあるべくして一つ橋にあり、一つ橋にあるべくして平岡にあり」

倒幕論者にこう評された平岡は気性も鋭かったが、青年と話すことは好きなので、知人が両澁澤を「百姓育ちにしては面白いヤツだ」と紹介して以来、二人に目をかけてくれた。平岡邸は根岸のお行《ぎょう》の松の近くにあった。

栄一と喜作には一つの下心があった。当時農民は帯刀を禁じられていたのに、彼らは勝手に大小をさしていた。もし一つ橋藩の家来分という名義が許されれば天下晴れて志士の姿ができる。そしてとかく領主安部家から危険人物視されている彼らが現に陰謀の準備中なのだから、それをカムフラージする点でも好都合である。

ところでその一ト月前には薩藩と長藩に争いがおこり、薩藩を主体とする公武合体派

（朝廷と幕府の握手を策する一派）が主導権を得た。そのため宮門警護の役を被免された長藩の兵は、倒幕派たる三条中納言以下七人の公卿と共に本国へ敗走した。いきおいこれら倒幕派と呼応して五条に兵を挙げた十津川浪士も、たちまち潰滅したのである。

この善後策のために、徳川慶喜は幕命を受けて京都へゆくことになった。むろん平岡も随行しなければならない。そこへ顔を見せたのが榮一と喜作である。そこで平岡は「江戸でマゴマゴしても駄目だ。いっしょに京都へこい」とすすめた。しかし胸にイチモツある二人はことわった。そのとき榮一は念のため平岡にこうたずねた。

「もしご同行願う場合はどういう手続きを取るのでしょう？」

「拙者の家来ということだな」

そこで榮一はゆきがかり上、「いずれあとから参ります。その節はご家来の名義をお貸しください」とバツを合わせた。そして榮一も喜作もほどなく郷里へ帰った。

※12　平岡円四郎（1822－186）幕臣。水戸藩の藤田東湖らに推挙され一橋家小姓となる。十四代将軍継嗣問題が起きた際、一橋慶喜を擁立して失敗。一時、左遷の憂き目にあうが、やがて復権して一橋家家老にまで出世を果たす。聡明な人物で、渋沢も著書の中で「この人は全く以て一を聞いて十を知るといふ（う）質で、客が来ると其《その》顔色を見た丈《だ》けでも早や、何の用事で来たのか、チヤンと察するほどのものであつた」と述べている。

10 大激論

十月下旬に長七郎も京都から帰宅した。そこで一味は同月二十九日の夜、新五郎宅の二階八畳で挙兵の密議をこらした。その面々は新五郎、長七郎、喜作、榮一、真田範之助、中村三平の六人だった。二階八畳の下は雑貨を売る店で村道に面している。だから真田と中村はときどき階下へおりて四辺を警戒した。田舎の夜道には人通りもない。八畳には行灯がホノ暗かった。新五郎は学者の風貌と主将の貫禄で、挙兵の順序を説明しだした。するといきなり長七郎が叫んだ。

「不賛成だ！」

唐突なので誰にも真意がつかめなかった。

「何が不賛成だ？」

一同思わず長七郎の顔を見た。

「挙兵そのものが不賛成だ。無謀きわまる暴挙だ。失礼ながら兄さんも澁澤君たちも天下の大勢を知らない。いや、率直にいえば、竹槍ムシロ旗の百姓一揆同然だ。首を切られるだけの話だ。兄さん。さっさと同士を解散させなさい」

行動派の急先鋒たる長七郎から、こんな反対が出ようとは誰も思わなかった。

「変心か？」「卑怯者ッ！」

短気な中村と真田は刀の柄《つか》に手をかけて詰めよった。

「待てッ！　訳も聞かんで刀に手をかけるのは乱暴だ。長七郎！　理由を述べなさい！」

新五郎の一喝で一座は聞き耳を立てた。

長七郎の意見は大体こうだった。十津川浪士は主将に有名な中山侍従忠光をいただき、同勢も百人以上で藤本、松本、吉村などという知勇兼備の武士が奮戦力闘したが、ただ地元五条の代官を切っただけで敗走してしまった。まして七十人足らずの同勢で高崎城乗っとりなど思いもよらない。よしんば乗っとれたところで、幕軍に攻めおとされることは火を見るより明らかだ。横浜焼きうちなど出来っこない。最後は討死か獄門首が関の山だ。有為の諸君に犬死にはさせたくない。

榮一と喜作は左右から長七郎に迫り、榮一は火の出るような熱弁をふるった。

「君の意見は実状に即しているかもしれん。が、今後どんな方法で十津川浪士以上の兵力をたくわえるのだ？　何年先かわからんじゃないか。もし八州の手先に嗅ぎつけられ、縄目の恥を受けて獄中に死ねば、それこそ犬死にだ。われわれの挙兵は必ずしも勝算あっての決起ではない。天下の同士にさきがけて困難のイケニエになるのだ。それによって、第二、第三の同士がわれわれの屍《しかばね》を踏みこえて戦うのだ」

「いや違う。捨石になれば第二、第三の同士が立つという考えが甘い」

「立つか立たないか、やって見なければわからん。君は事の成否ばかりを重く見すぎる」

長七郎と榮一は、互いに刺し違えても阻止する、決行するであとへ引かない。そこで新五郎がひとまず討論中止を申し渡し、頭を冷やしてから再開した。そうなると長七郎の意見は大地に足がついているが、八犬伝式挙兵計画は空想的すぎる。そして空想論は実際論に負けた。

「それでは挙兵を中止して、しばらく天下の大勢を見ることにしよう」

新五郎がこう宣言すると、突然長七郎が天を仰いで

「かほど有為の人材が一命を賭して国事をうれえているのに、志がおこなえないとは天もまた無情だ」と口走りながら、声をあげてオイオイ泣きだした。激論に興奮していた一同も思わずハッとした。その号泣には何か精神の異状が感じられた。

同士は人知れず集めた武器を、人知れず散らすのに苦心した。安部藩や八州の警吏からにらまれている榮一と喜作が、このまま郷里にいては面白くない。そこで両人は伊勢まいりに名をかりて京都へゆくことにした。

市郎右衛門は榮一に百両の餞別をくれた。榮一は千代に旅支度を手つだわせる。妻から見ればつれない夫だ。妻は夫の陰謀もおよそ推測していたが、「国事」だと思えばこそ女

の口出しは遠慮してきた。それだのに夫はその心情を少しも察してくれない。いつ帰るとも知れぬ旅に黙って出ていってしまう。

千代はたまりかねて、ついその恨みを口に出した。とたんに感情がたかぶり、涙がとめどなく流れおちる。さすがの榮一も憮然《ぶぜん》として手をこまぬいたままだ。夫婦のそばには生まれて三月目の歌子が寝ている。急に赤子の泣きだすのが木《き》のかしらで、幕といいたいような情景だ。

文久三年十一月八日、榮一は喜作と共に住みなれた血洗島村をあとにした。榮一は二十四で喜作は二十六。前途は何も予測できなかった。

11
風《ふう》塵《じん》

東海道五十三次は百二十四里八丁。途中の関所を越すには手形がいる。榮一と喜作は江戸根岸の平岡邸へゆき、留守居の失人から平岡円四郎家来という名義の手形をもらった。このとき榮一は生まれてはじめて吉原へ遊びにいった。フトコロは温かいし、あすはどうなるかわからない身の上だから、ゆきがけの駄賃に江戸名所の不夜城で、巫山の夢を結んだのだろう。

十五日かかって京都についた二人は、三条小橋の宿屋「茶久」に泊った。さっそく平岡を訪問したことはいうまでもない。そして一つ橋の家臣や、諸国の藩士や、天下の志士と交際しだした。なるほど公武合体論は徳川幕府に小康を与えている。長七郎が命がけで暴挙を阻止した心事が思いあたった。

榮一は父からもらった百両を、江戸と道中で三十両ほど使い、残る七十両も京都の旅籠《はたご》代や交際費に消えて、年末伊勢参宮をすませてからは、二十五両の借金さえできた。

しかし漫然と日を送る榮一や喜作ではない。舞台は国論の震源地京都である。二人は郷里の長七郎へ手紙を送り、幕府も早晩外交問題で倒れるに違いないから、長七郎も至急上京して共に倒幕促進を画策しないかと勧めた。

するとある日長七郎から返書がきた。喜んで封を切ると、思いもよらぬ凶報だった。

長七郎は中村三平、福田滋之助と共に手許村から江戸へむかう途中、何か突発的に事件をおこし、三人とも捕縛されて江戸伝馬町の牢へ入れられたが、そのとき長七郎の懐中していた榮一と喜作からの書状が、幕吏に押収されたという知らせである。いくら読みかえしても事件の内容はわからない。榮一も喜作もただ溜め息をつくばかりだった。

押収された手紙は倒幕促進や攘夷の問題にふれている。それが幕府の手に渡った以上、二人の身も危険だ。長七郎はそれを心配してこの手紙をよこしたのである。獄中から出すにはよほど金も頭もつかったろう。

一徹な喜作は怒って、江戸へいって三人を牢から救いだそうという。しかし榮一はそれこそ「飛んで火に入る夏の虫」だという。

長州の友人を頼ってゆく案も出たが、その友人が今長州にいるかいないかわからない。第一生死のほども不明だ。といって今さら故郷へ帰ったり、家から金を送らせたりは死んでも出来ない性格の二人だ。「こんなことなら、いっそ去年兵を挙げて死ぬんだった」と愚痴をこぼすのが精いっぱいだった。

思い出

晩年の父が笑いながら、「高崎城乗っとりだ、横浜焼きうちだと威勢のいいことばかり並べていた時分は、ナニ、しくじれば死ぬまでだと、死ぬことを芝居見物ぐらいにしか考えなかったが、この時ばかりは真《しん》に弱りはてたよ」といったのを思いだす。

ここで話を突発事件にもどす。

江戸へ目ざす長七郎、中村、福田の三人は、その日戸田の原にさしかかった。横なぐりの寒風を菅笠《すげがさ》でよけながら、みな旅合羽《たびがっぱ》の裾《すそ》をハタめかせてゆくと、ゆく手から飛脚風の男が歩いてきた。そしてそれとすれ違った瞬間、突然長七郎の刀が鞘《さや》走ってギラリと一閃したかと思うと、飛脚風の男は血けむりを挙げて倒れた。何しろ白昼の街道である。すぐ人だかりができて警吏もくる。そして三人は伝馬町へ送られたのである。

なぜ長七郎は飛脚風の男を切り殺したのだろう？　彼の申し立てによると、一匹の狐が飛びかかってきたので、思わず抜き打ちにしたら、それが人間だったというのである。

挙兵を阻止した激論のあとで、長七郎が天を仰いで号泣したことは前述したが、あれが精神病のキザシだったのである。たまたま戸田の原で飛脚とすれ違った瞬間、病的な発作が彼に狐の幻覚をおこさせたらしい。しかし発作のあとは平素の思慮分別を取りもどして、幕吏に押収された榮一、喜作の書面が元で二人が捕えられては大変だと、苦労して牢から手紙を出したのである。

くわしい事情を知ったのは後の話で、そのときは榮一も喜作もただ長七郎の手紙を前にして、結論の出ない苦慮の一夜を明かした。すると翌朝平岡から、すぐこいという使いがきた。

12

入牢か、仕官か

平岡は二人を奥まった部屋へ通して、いきなりたずねた。

「君たちは今までに人を殺したことはないか？　物を盗んだことはないか？　あるなら隠さずにいってくれ！」

藪から棒に何とも失礼で物騒な質問だ。二人ともムッとして無い旨を答えた。すると平岡はこう言葉をつづけた。

「とかく志士と名のる者は国のためと称して、よく金を盗んだり人を殺したりするから、念のためきいたまでだ。しかし君たちは何か幕府に不穏なことを企てた覚えはないのか？」

二人は石のように黙っている。

「実は幕府から当藩へ掛け合いがきている。君たちが本当に私の家来かどうか。もし家来でないなら即刻引きわたせというのだ。ワシは君たちに好意を持っている。悪くははからわぬ。だから正直に話してくれ」

そこで二人は長七郎の入牢と、不隠な手紙が押収された一件を打ちあけた。

「それでよくわかった。もし君たちが牢へ入れられれば、十中八、九病気になって牢死する。それは気の毒だ。ただ一つ助かる道は一つ橋の家来になることだ。慶喜公におつかえする気はないか?」

まさに棚からボタモチ、渡りに舟だ。

「新規に人を召しかかえるのはむずかしいことだが、拙者は君たちの志が気に入っているから骨折ってみよう。一つ橋は徳川一家でも独特の藩で、慶喜公は英明の主君だ。ぞうり取りをしても張りあいがあるぞ」

榮一も喜作も平岡の恩情が胸にしみた。しかし出所進退は男子の大事だから、翌日返事する旨を答え、謝意を表して平岡邸を退出した。

宿に帰った二人はさっそく議論をはじめた。喜作は、幕府を倒すつもりのわれわれが、幕府の親藩一つ橋に仕えるのは、命惜しさの変節としか見えない。自分自身にも恥ずかしい。だから仕官をことわろうという。

榮一は違う。節を屈しないという自己満足がどれだけ世の中を益するだろう？　牢に入れられたら倒幕も何もあったものではない。第一、牢に入れられなくてもすぐ生活にこまる。大行は細瑾《さいきん》をかえりみずなどと、他人に寄食したり、人の物を奪うようになったら志士もおしまいだ。思いきって仕官しようというのである。

「いや、オレはいやだ。何でも江戸へ帰る。そして獄中の同士を助けだす」と喜作。

「捕縛寸前のオレたちが人を牢から救いだせるはずはない。二人が一つ橋の家臣になれば、長七郎の救出だって出来そうじゃないか。それに一つ橋家臣として、徳川の内部から倒幕を企てる道があるに違いない」

喜作も榮一に説得された。二人は翌日一ト理屈いって、平岡の勧めを受けることにした。

その翌日がきた。

「われわれは農民育ちですが、天下の志士を任じています。牢に入れられるのが厭さに、仕官する気はありません。名君という噂さの慶喜公がわれわれを有為の人材と見こんで抱えてくださるなら、ぞうり取りでもいといません。それにはまず慶喜公がわれわれの意見書をご覧になった上で、お召しかかえということに願いたいと思います」

「よろしい。何なりと出すがよい」

この返事に用意の意見書をさしだす。平岡も手まわしのいいヤツだと思ったろう。

「もう一つお願いがあります」栄一が追いかける。採用する前に、慶喜の面前で意見を述べさせろというのだ。

「それはこまる。そんな前例はない」

封建時代の君臣関係は階級制度がやかましくて、「お目見え以下」の家来は殿様の顔を見ることも出来なかった。

「前例のない点では、百姓のおめしかかえだって同じではありませんか」と栄一。

「そんな理屈をいっても駄目だ」と平岡。

「それが駄目なら、たとえ牢に入れられても仕官は……」と榮一がねばる。

「そう強情を張るな。困った男だ」

それにしても「天下の権平岡にあり」とうたわれたほどの人物が、どれだけ榮一や喜作の前途を案じてくれたかがよくうなずける。恐らく平岡は心の中で、二人の負け惜しみの強さを苦笑していたろう。

二、三日たつと平岡は二人を呼んで、近々慶喜公が松ケ崎という所へ騎馬で出かけられるから、その日二人は馬の鼻先を走れと命じた。

当日、慶喜は春まだ浅い京都郊外の風光をめでながら、馬上豊かに蹄《ひずめ》の音をひびかせてきた。道ばたに待機していた榮一と喜作はソレッとばかりに飛びだして、下加茂から山鼻まで、およそ十町あまりを一気に走りつづけた。慶喜はそれを見て異様に思ったろう。

「あれは何者じゃ?」

「はッ。新規お召しかかえの者共にござります」おおかた近習とこんな会話がかわされたかもしれない。

それから二、三日たつと平岡の好意で、二人は慶喜に「内御目見得《ないおめみえ》」と称する引見を許された。榮一はここぞとばかりに意見を述べたてた。

現在の徳川幕府はもうつぶれたようなものです。それを一つ橋が無理に彌縫《びほう》すれば当家も共倒れになります。だから当家は幕府と別に行動することこそ、宗家を救けるゆえんだと考えます。

それには天下の志士を集めるのが第一です。世には天下を治める人と、天下を乱す人とありますが、乱すほどの力量ある人物を当家に集めてしまえば、おのずから天下は治まります。そして当家に人材が集まり、諸事進歩的になれば、あるいは幕府に一つ橋討伐論が出るかもしれません。そんな場合は兵力に訴えて戦うほかありません。望ましいことではありませんが、国家の重きにはかえられません。結局、幕府を倒すことは徳川家を中興するもといだと信じます。

慶喜は榮一の熱弁をただフンフンと聞いているだけだった。しかしこの引見がすむと、榮一も喜作も一つ橋の家臣になった。元治元年（一八六四）の二月で、榮一は二十五歳。平岡の提案で名も武士らしく篤太夫と改めた。

さて篤太夫の俸禄は四石二人扶持《ぶち》で、ほかに京都滞在中の月手当が四両一分ついた。それらは喜作も同じである。攘夷討幕の素志を顧みると気恥かしかったが、両人とも勤める以上は忠実に勤めようと申し合わせた。

ここへ持ってくるまでの平岡の努力は大変なものだった。そしてそもそも平岡へ榮一と喜作を推挙したのは、やはり一つ橋家臣の川村恵十郎[※13]で、榮一にとっては最初の伯楽だったわけである。

※13　川村恵十郎（1835－1897）のちに正平と称す。関所番の子として生まれ、のちに一橋家に仕える。渋沢を一橋家に迎え入れる道筋をつけたことから、「渋沢栄一を見出した最初の人物」とも称される。剣術にも長け、同道していた平岡が暴漢に襲われた時、自らも顔に負傷を負いながら、犯人を斬り倒している。明治以降は、大蔵省、太政官、宮内省らを歴任し、晩年は日光東照宮の禰宜となる。子孫に劇作家の川村花菱《かりょう》（本名、久輔）らがいる。

13
水を得た魚

栄一と喜作の役名は「奥口番」というのだった。係りの役人が二人を詰所《つめしょ》へ案内して古参の同役に引き合わせた。畳のすり切れた汚い部屋である。そこにいた二老人に栄一が坐って挨拶すると、一人のほうが目を三角にしてとがめた。

「そこもとはお心得がござらぬ。そこに坐っては相成りませぬ」

栄一の坐った畳の目が先輩より上座だったからである。高崎城乗っ取りを夢みたような青年たちに、すり切れた畳の目にも上下の階級があるという発見は馬鹿らしかった。しかし新参だから素直にあやまった。

ところで「奥口番」というのは栄一、喜作の身分に関する役名で、二人の実務は「御用談所」に出勤することだった。そこは一つ橋家の事務を処理するオフィスだから、進取的に働きかければ、仕事はいくらでもあった。

二人は御用談所に近い長屋を借りた。八畳二タ間に台所という一ト構えだった。榮一には二十五両の借金もあるから、何事も倹約第一だった。なれぬ手つきで飯もたき味噌もすった。まれに竹の皮包みの牛肉も買ってくる。これこそ黎明《れいめい》日本の珍味だった。

寝具も二人分借りては不経済なので、敷蒲団一枚の上にめいめい柏餅になって背中合わせに寝た。夜は男世帯の雑然たる台所で鼠があばれまわる。そこで二人はそれをよく退治したが、せっかく取ったものを捨てるのも勿体《もったい》ないと、つけ焼きにして食べた。ペスト発生以前の長閑《のどか》な世の中だった。

思い出

私の小学時分、ある晩家庭の食卓で父がこの話をしたら、母が「まあ気味が悪い」と顔をしかめたので、父は「気味が悪いどころか、脂っこくてうまかったよ」といったことを覚えている。

こんな生活をしながら、榮一はボツボツ金を返して、年末には皆済した。当時志士気取りの青年が借金を返すことなど絶無だったので、返された人はビックリしてから感心したそうだ。榮一の性格には、暴挙を企てるような激しさと、律儀《りちぎ》な几帳面さが仲よく同居していたものと見える。

暴挙に熱中した時代の榮一は、青年らしく「オール・オア・ナッシング」をいさぎよいと思った。それが平岡に仕官をすすめられたときは、黒か白かの中間にハーフ・トーンのあることを考えるようになった。あまり潔癖な人は実社会の仕事に向かない。孤独になりがちだ。といって他人の汚れを身にうつすのは堕落である。堕落しないまでも、妥協に走りすぎれば理想や信念は見失われる。人生行路のむずかしさだ。

ある日榮一は平岡の命令で西郷隆盛を相国寺《しょうこくじ》にたずねた。内偵の一種だった。彼は寺内に老僕一人使って簡素に暮らしていた。

上野の銅像みたいな顔の時局談である。

西郷隆盛

「おはんは、このごろの政治の改革ぶりな、何と見とられるか？」西郷は声も太かった。

「改革されるように見えましても、みな枝葉の問題ばかりで、老中政治という腐った土台から建てなおさんことには、真の改革は望めないと思います」

「や、同感でごわす。おはんな一つ橋家臣にしては目のつけどころがよか。じたい、おはんな、どぎゃん経歴のお人でごわす。江戸の御仁《ごじん》ではなかと見受け申すが……」

ここで榮一はくわしく身の上ばなしをした。すると西郷は榮一が食い詰めた上の志士稼業でなく、恒産があるのに志を立てたのは感心だとホメてくれる。そして飯時になったので二人は豚鍋をつつきながら話しつづけた。

西郷はいう。老中政治を廃し、有力な藩六、七の代表者が合同して新しい政府を作らなくては駄目だ。むろん一つ橋も加わって、座長になるがよい。そして根本的な国策を立てる以外に収拾の道はなかろう。ところで貴公の主人だが、どうも慶喜公は腰が弱くていかん。

そこで榮一が、それならあなたがその中心人物になっては、というと、さすがの西郷も、そりゃいかん。天下の事はそう簡単にはゆかんと答えた。

相国寺から帰ると、榮一は慶喜に西郷の慶喜評も伝えた。すると慶喜は「いかにも、もっともだ」と素直にうなずいていた。

これが縁となって、榮一はその後もたびたび西郷を訪問した。そしてそのつど談論に花が咲いて、いつも豚鍋をごちそうになった。

さて榮一と喜作は平岡に広く天下の志士を集めることを建策して、その「人選御用」を買って出た。そして元治元年五月二日に二人が関東へ発足するとき、平岡は近郊散策と称して山科の蹴上《けあげ》へ先発し、そこの茶屋で榮一と喜作に送別の昼食をもてなしながら、志士募集の心得をさとしてくれた。これは当時の慣行上、重臣が軽輩の出張を公式に見送るわけにゆかなかったので、近郊散策にことよせて行を盛んにしたのである。

榮一の伝記を読むと、いつも先輩知人から厚遇を受けている。彼はそういう一種の人間的魅力を持って生まれていたようである。

両澁澤はまず江戸に出たが、当てにした千葉道場や海保塾の旧同士は、みな武田耕雲斎の「天狗党」の乱[※14]におもむいて江戸にはいなかった。ために十数人の剣客や漢学生しか募集できなかった。そのついでに一つ橋の水戸邸と連絡を取り、長七郎の救出をはかったが、ただ待遇を改善させただけに終わった。

それから二人は武州、総州、野州にある一つ橋領を巡回して、農民から四十数人の志士を募集した。途中二人は故郷血洗島に近い岡部を通る。できれば父母や妻子にも会いたい。そこで尾高新五郎宅へ使いを出してみると、彼は「天狗党」に加盟を勧誘されたというだけで、岡部の牢につながれている。そして岡部藩は榮一と喜作を謀叛人あつかいしていることがわかった。二人は帰郷を割愛した。

なんでも六月末か七月上旬だったという。京都から二人にショッキングな悲報が伝わった。平岡円四郎が暗殺されたのである。二人は全身を打ちのめされたような気がした。平岡は二人を入獄寸前に救ってくれた命の恩人である。その恩人は二人の建言をよく取りあげてくれた上に、二人の出発当日は特に慣例を破って山科まで見送りにきてくれたではないか。血気さかんな二人も、有為転変のはかなさに胸をふさがれてしまった。

平岡は六月十六日の夜、川村恵十郎と連れだって一つ橋家の家老渡辺孝綱を京都の旅宿にたずねた帰途、突然二人の暴漢に切りつけられて死んだ。川村も傷ついた。同時に暴漢二人も重傷を負って死んだ。死闘は凄惨だったに相違ない。

暗殺の原因は平岡が開国論者と見なされた上、池田屋騒動で勤王の志士を殺させたのも彼のさしがねと誤解されたためだった。享年四十三。切った者も切られた者も同じ水戸藩士だ。過激な血の流れている郷土の生んだ悲劇の一幕である。

話を戻す。榮一と喜作は応募した志士五十人ほどを引きつれて京都へむかった。その途中、二人は妻沼《めぬま》で互いの父市郎右衛門と文左衛門に会った。そして榮一は深谷宿に一泊したおり、宿根《しゆくね》という所で、妻千代が二歳の歌子を抱き、妹お貞と連れだってきたのに一目会った。実にアッケない逢瀬《おうせ》だった。

それから五十数人の同勢は岡部の陣屋前を通った。代官の暴言に榮一が怒った思い出の場所である。村はずれにきたとき二人の岡部藩士が追ってきて、両澁澤の引き渡しを望んだ。しかし同勢は「そんなことは出来かねる。諦めなさい」と答えてスタスタ歩き去った。槍まで立てた一つ橋家の同勢である。わるくとめ立てすれば、すぐにも刀を抜きそうな剣幕だ。岡部藩士もただ見送るだけだった。

二人が九月に京都へ帰ると、平岡のかわりに黒川嘉兵衛が用人筆頭になっていた。彼も親切な人で、遠国からきて頼りにしていた平岡に死なれた二人を、慰めたり激励したりしてくれた。その恩情に感謝しながら、関東の情勢や志士の動向をくわしく彼に報告した。

元治元年（一八六四）の十月に榮一は郷里の妻にこんな手紙を出した。

「先ごろは宿根にて久々に相逢《あいあ》ひ、さぞさぞ残り多き事とぞんじ候《そうろう》、此方《このほう》にも同様の事なり、さて永々の留守（注　出郷は前年十一月十八日）父上母さまへ孝養いたされ候段、あさからずぞんじ候、なほ此後もひとへにたのみ入候、うた（注　歌子）事は大切になさるべく候、品《しな》により京都へよびのぼせ候事もこれあるべく其時《そのとき》は永別の礼申《もうし》候事もこれあるべくぞんじ候、とかく父上母様には御《お》ほねをりながら、ずゐぶん孝行いたし候様たのみ申候、いつかまたあふ事もこれあるべく、それをたのしみにいたし、くれぐれしんぼういたし候様、かへすがへすもたのみ入申候、申越したき事は山々に候へども、あらあら書残しまゐらせ候、めでたくかしく　篤太夫

おちよどのへ

なほなほ何か気のもめる事ある時は、手許のあにさん（注　尾高新五郎）にさうだんいたすべく、さやういたし候はば、よきふんべつ出で申すべし、相《あい》わかれ候よりは一度も婦人ぐるひ等も致《いた》さず、全くくにの事のみしんぱいいたし居り申候間、おまへにもずゐぶんしんぼうの程ひとへにたのみ申候、かしく」

二十五歳の志士あがりにしては、優しいゆきとどいた手紙である。まったく昔の婦徳とは忍耐《にんたい》の権化《ごんげ》みたいなものだったわけである。「一度も婦人ぐるひ等も致さず」は吉原の一夜があるから額面通り信用もできないが、「婦人ぐるい」と「女遊び」はカテゴリが違

う。

十月十七日に書いた手紙もある。

「……何事も気をもまぬやうなさるべく候、気をつかひ候は大どくに御座《ござ》候《そうろう》、明年になり候はば、京都へ相《あい》のぼせ申すべく候、御待ちなさるべく候、もしまた此方江戸へ帰り候はば、さうさう江戸へ呼び申すべく候、うたは大切になさるべく候、男の子これなく候はまことにざんねんにぞんじ候、万事一人にては不自由にて女房の有りがたきと申す事、別して承知いたし候、是非いま一人仕込み置き候はば、よき事とぞんじ候、その事ばかりは代人をたのみ申す事にも相成るまじく存候、何れ来年は呼びのぼせ申すか、江戸に帰り申すか、かならず一処になり申すべく申候、それまでは孝行大切にたのみ入り申候……」

榮一が千代を恋しがる以上に、千代は榮一を思慕したに違いない。「是非いま一人仕込み置き候はば」と冗談が書いてあるが、明治初期以後の榮一は一人ならず数人「仕込み置」いたらしい。「その事ばかりは代人をたのみ申す事にも相成るまじく」が、相成ってしまったのである。

夫婦愛のあふれる手紙を出した榮一も、京都では職務上毎日のように柳暗花明の巷《ちまた》へ出入した。慶喜の声望が一つ橋ブームをおこしたため、今夜は筑前藩からの招待、明晩は加州藩のご馳走、明後晩は彦根藩の宴会といった工合で、祇園や木屋町の料亭へよばれる。そのつど二人は黒川についてゆかなければならなかった。

それは二人にとっては有りがた迷惑だった。武州出の二青年はまじめ一方で、頭には「国事」が充満している。宴席で政治や外交の議論が出ても、これはと思う人物に出会うことは滅多にない。多くはうわすべりの慷慨論で、いわば世間を上手に泳ぐ社交家ばかりだ。こんな酒宴つづきでは何のために故郷を出奔し、何のために一つ橋に仕えたのかわからない。二人は断じて浮薄の風には染まるまいといましめ合った。

思い出

こんな話がある。父は古着屋へ紋付の羽織を買いにいったが、あいにく自家の定紋《じょうもん》「ちがい柏《がしわ》」のがないので、五三の桐の上に「ちがい柏」を切り抜いて張りつけさせ、それを宴会へ着ていった。と、宴席なかばに一座はみな羽織をぬいだ。仲居がたたんで片づける。いざ帰りぎわに、それぞれ羽織を持ってこさせる。父も「違い柏」だと教えたが、なかなか持ってこない。最後に一人の仲居が手にした羽織を見ながら「もうこれほかあらしまへんのどすけど、御紋がちがうよって……」とケゲンな顔をする。見ると張りつけた紋がハガレ落ちて、紋は五三の桐に返っていた。

翌慶応元年の正月にはこんなこともあった。ある晩榮一は黒川について鴨東《おうとう》の料亭へいったが、宴会が果てたので深夜寝ようとすると、行灯の灯影になまめかしい女がいた。仲居に聞くと黒川用人の粋なもてなしだという。侮辱を感じた榮一は、急用を思い出したからといってその料亭を飛びだした。

町は底冷えがして暗かった。三条小橋までくると黒川が呼びながら追ってきた。そして今ごろ君の長屋へ帰っても困るだろうから、自分の旅宿に泊らないかとすすめ、「先刻は失敬した。君は腹を立てたろう」ときいた。

「いえ、立腹などしませんが、両三年のあいだ心に誓ったことがありますので、せっかくの御好意を無にして相すみませんでした」

この榮一の答えに、黒川も

「いや、そういわれるとワシのほうこそ面目ない。なるほど人はそうありたいものだ。それでこそ大事が託せる」と感心した。彼は平素の勤めぶりから見ても、榮一が上役に取り入るための芝居を打つような青年でないことは知っていたのだろう。

ところでその一月に、榮一は小《こ》十人並《じゅうにんなみ》に進み、御用談所調《しらべ》方《かた》出役《しゅつやく》を兼務し、食禄十七石五人扶持、月手当十三両二分になった。彼はその喜びを千代へ書き送った。自分の出世を一番喜んでくれる両親や妻が遠く離れているのは、定めし物足りないことだったろう。

※14　１８６４年３月に勃発した、水戸藩の過激な尊王攘夷派（改革派）による挙兵事件。当時、劣勢にあった尊王攘夷派の藤田小四郎らが、勢力回復と攘夷の決行を目指して挙兵。のちに武田耕雲斎（１８０３－１８６５）らが合流し、武田は総大将とされた。一時は３０００名の勢力を誇ったが、幕府の征討軍らに敗れて敗走。一縷の望みをかけて水戸藩出身の一橋慶喜のもとへと走ったが、やがて望みは絶たれて降伏し、武田耕雲斎らは処刑された。実は、彼らが望みをかけていた一橋慶喜こそが、天狗党征討軍の総督だったのである。

14

歩兵取立御用《ほへいとりたてごよう》

　一つ橋藩は京都の禁裏御守衛総督《きんりごしゅえいそうとく》の重任を帯びながら、兵備は御床机回《ごしょうぎまわ》りと称する親兵が百人ばかりと、御徒士《おかちざむらい》御小人《ごこにん》なる足軽少数のほかは二小隊ほどの御持小筒組《おもちこづつぐみ》があるにすぎない。しかもこの新鋭武器の鉄砲隊は幕府から借りている軍隊なのである。つまり幕府の方針が一つ橋に武力を持たせまいとしていたらしい。

　ある日榮一は黒川にその点を指摘し、自分を一つ橋の領内へ派遣して、農兵を募集させてくださいと説いた。そして財政のゆるす範囲内で、格安に軍隊を常備してお目にかけますといった。その結果榮一は「歩兵取立御用掛《がかり》」として、二月の末に京都をたった。

　元来一つ橋藩の領地は関東以外は摂津、和泉《いずみ》、播磨《はりま》、備中の四カ国にわかれていて、総石高は十万石だった。そこで京都の御勘定所から関東以外の代官所へ、澁澤篤太夫が歩兵取立におもむく旨の通報が飛んだ。

彼は供を一人連れて、まず大阪川口の代官所へいった。摂泉播三国を管轄している役所だ。老狡な代官は生真面目《きまじめ》そうな青年官吏に、如才ない調子でこういった。

「至極大切な御用と承りました。このお役目は遠方の備中を先になさるが上策かと存じます。遠い備中で成功なされば、近間《ちかま》の三国はその噂だけで農民のほうから馳せ参じるものと心得ます」

三月上旬、榮一は備中の板倉という宿場に着いた。庄屋たちが十人ほどうやうやしく出迎えた。田舎への出役は容態ぶるほうが効果的だというので、槍持《やりもち》や合羽籠《かっぱかご》を先に、「下におろう」の下座触《げざぶれ》までかけさせた。いきおい百姓町人は土下座《どげざ》する始末。そんな篤太夫も九年前には、岡部の陣屋で代官に罵倒された榮一だったのである。

その翌日は目的地の江原村に着いた。代官や庄屋や村の有力者が下にも置かぬあつかいである。代官の進言もあって、榮一は翌日から陣屋の白州へ出頭して、毎日募兵の主意を

述べる。召し出されたものは領内農家の次三男以下の若者ばかり。榮一の説明がすむと庄屋が

「いずれ篤《とく》と申しさとしまして、お受けにまかりでます」といい、壮丁[※15]もろとも平伏する。しかし幾日たっても志願者は一人も現われない。

そこで榮一の弁説は一層熱を帯びる。

「一体お前たちは今の時勢を何と心得る？　いつまでも無事平穏ではないぞ。あすにもイクサが始まるかもしれん。百姓だからといって安心してはおられんぞ。一日も早く奉公して、御領主のために働くのが上分別だ。才能次第で立身功名もできる。身分や家柄ばかりが物をいう世の中ではなくなったぞ。かく申す拙者も元は武州の百姓だったが、一つ橋家に仕えて士分に取りたてられた。どうだ。奮発するものはいないか？」

しかし志願するものは一人もない。榮一はわが身に引きくらべて変だと考えた。これは何か裏があるなと感じた。そこで陣屋の説得を打ちきると、土地で名高い学者と剣客の名をたずねた。学者には阪谷朗盧、剣客には関根某がいた。阪谷は学問見識のある儒者で、

「興譲館」という塾を開いていた。榮一は自作の漢詩に酒一樽《たる》をそえて面会を申しこみ、翌日塾へいった。そして今度は阪谷と門下生数人を榮一の旅宿へも招いた。

阪谷は榮一より十八歳の年長だったが、思想は進歩的で開港論を主張した。

「あなたは一つ橋家のお役人様だが、この問題ばかりはカミシモをぬいで、十分に私の意見を聞いてください」

すでに欧米の文明を理解していた朗盧は、彼らの通商要求を侵略主義と取らずに、国を開いてその長を取り入れることが日本の利益で、鎖国などは世界の大勢にさからう偏狭な思想だというのである。これに対して榮一がどんな議論をしたかは不明だが、彼は朗盧や塾生たちと大いに親しくなった。

それから榮一は関根を訪問して、道場で手合せを試みた。そして運よく勝つことができた。

すると狭い村じゅうに、「こんどきた役人はまだ若いがエライ人らしい。学問では阪谷先生と対等に議論するし、剣術では関根先生をまかした」という噂が立った。そして漢学や武芸に興味を持つ青年たちが毎日旅宿へたずねてくるようになった。そして東京の文化人が地方の旅館で、土地の青年たちと座談会を開くような会合が毎日つづいた。

一体今回の募兵計画は栄一の強引な建策だから、失敗すれば切腹ものだ。いきおい応募者の一人もない現在、彼の心痛は一ト通りではないはずだ。しかし榮一は今ちょうど鯛網の季節だと聞いて、ある日興譲館の塾生や旅宿へよく来る青年たちを誘って、浜へ鯛網を見にでかけた。

鯛網の浮きが沖に大きな点線の輪を描いている。たくましい漁夫たちが小舟に分乗してそこに漕ぎよせ、左右から網綱を引いて岸へ漕ぎもどる。網の輪がせばめられるにつれて、むらがり跳《は》ねる鯛で水の色まで薄赤くなった。浜にいる見物人が小舟の漁師に酒樽を投げて大漁を祝うと、漁師は返礼にピチピチ躍《おど》る鯛を二、三尾さげてくる。景気のよい眺めだ。

榮一の一行は春光を浴びながら砂浜に陣取り、こうして取れた鯛をすぐ料理させて舌つづみを打つ。そして酒をあおって詩を吟じたり時局を談じたりする。歩兵志願者のない心痛など忘れたような榮一だった。

こんな調子で数日たつうち、榮一に対する青年たちの親近感と信頼感が激増した。そして五人の農民が一つ橋の歩兵にしてくださいと申しだした。榮一がひそかに待ちもうけたのはこれだった。彼は五人に願書を書かせると、その晩急に庄屋たちを旅宿に呼びよせた。

そして榮一は不安そうな顔つきの一同にその願書を示しながら、この通り五人も直接志願してきたのに、同じ備中の若者でありながら、十数カ村数百人の中から一人も志願者が現われないのは変ではないか。募兵をさまたげている何者かがいるに違いない。自分は食禄をむさぼって安閑としているような武士ではないぞ。事と次第によっては、庄屋の五人や十人切りすてかねない男だ。性根をすえて返答しろと迫った。

一座はシンとして顔をあげる者もない。すると長老株の庄屋が仲間と何か相談したあげく、平身低頭してこんな意味を答えた。

代官が内々でいうには、一つ橋も近来は山師がふえた。用人筆頭の黒川なども新しい仕事を思いついては出世の手がかりにしたがる。こんどの歩兵取立てもそうだ。かかりあうとアトグサレができるから、志願者は一人もござらぬといえばそれまでだ。だから志願しないようによく申しわたすがいい。

ところが榮一の説得で志願者が大勢出た。そこで庄屋たちは極力押しとどめてきたが、榮一が若者たちを近づけたので、とうとう直接志願するものが現われた。何とも申しわけない。もしこの一件が表向きになると、どんな事態がおこるかわからない。どうか穏便の沙汰を願いたいと詫びるのだった。

翌日榮一は代官所におもむき、今回もし応募者がない場合は自分の責任上命にかえてもそのない理由を糺明《きゆうめい》しなければならない。「その場合、万一貴殿に傷がつかないとも限らぬ。明日からの再説諭には貴殿も十分ご尽力くださるであろうな?」榮一はギロリと眼を光らせて代官所を退去した。

翌日からの説諭には応募者が続出して二百数十人に達した。それから榮一は播州、摂州、泉州を巡回して、結局、四百六十人余の壮丁を得た。彼は五月中旬に京都へ帰って復命した。そのとき慶喜は榮一の功を賞して、白銀五枚と時服ひとかさねを与えた。

榮一はこの旅行で領内の住民をよく調べ、立派な学者、感心な孝子、貞節な妻、すぐれた篤農家、忠実な下僕など十数人を選んだ。また、兵庫で安く売っていた良質の播磨米を灘《なだ》や西の宮のつくり酒屋に値売りすること、播磨産の木綿を大阪へ有利にあきなうこと、備中の古い鉱床からは硝石がよく出るので、その製造所を設けること、正貨の引換準備を用意して藩札を発行し、領内の金融をよくすることの案を立て、帰京後上司の許可を得てみな実施した。後年新興日本の産業や社会事業や教育事業などに尽くした榮一の社会改良家的素質は、数え年二十六歳の旅で芽を吹いていたのである。

さて募集した壮丁は京都紫野大徳寺付属の寺々に分宿させ、洋式練兵を心得ている物《もの》頭《がしら》に訓練させた。

思い出

父はよくこんなことをいった。「蚊《か》のたかってくるように、用のたかってくる人にならなければいかんよ。役に立つ者は用に追いかけられるが、役に立たん者は用のほうで逃げてゆく」これは無精者の私には耳の痛い言葉だった。歩兵取立の話を見ても、父は若いときから用の蚊が待ちきれず、自分のほうから追いかけていった人だったのである。

※15「成年に達した働き盛りの男子」の意。
この時の兵士募集は、当初こそ抵抗があり、少々手こずったが、やがてその趣旨や評判が各地に伝わり、「一度呼出して説諭すると、ズンズン願人があるといふ（う）有様」になった、と渋沢は後日談で語っている。

15

運命の皮肉

慶応元年（一八六五）の秋、榮一は勘定組頭《かんじょうくみがしら》に進み、食禄二十五石七人扶持、滞京月手当十一両となった。そして澁澤喜作は軍制所調役組頭になった。平岡円四郎忘れがたみの二青年は、それぞれ長ずる所にしたがって伸びていった。

話は前年の元治元年に戻る。長州の毛利勢が蛤御門で禁裏へ発砲したため、孝明天皇が長州征伐の勅命を下された。毛利父子は寺に蟄居し、責任者の首をはねて恭順の意を表したので罪はゆるされた。ところが同藩の高杉晋作らの奇兵隊が藩論を支配すると、隣藩周《す》防《おう》と連合して、幕府に反抗した。しかもそれまで不和だった薩藩とも気脈を通じた。

そこで幕府は第二の長州征伐を企てた。徳川十四代将軍家茂[※16]はみずから大阪城まで進軍し、紀州藩主徳川茂承を第一陣の総督として、諸藩の連合軍を長州へさしむけたが、幕軍は至るところで旗色が悪い。しかも朝廷からは早く征伐せよと矢の催促。そして慶応二年七月二十日には二十一歳の将軍家茂が大阪城で病死した。嗣子がないので慶喜が十五代将軍という議がおこる。榮一と喜作は用人原市之進（黒川の後任）に強く反対理由を述べた。

徳川幕府は崩壊寸前のアバラヤ同然だ。今さら大黒柱を一本取り替えたところで、どうにもならない。いくら慶喜が英明の資でも、そんな家を相続させるのは、薪を背負って火のなかへ飛びこませるようなものだ。

やはり慶喜は禁裏御守衛総督の任にとどまり、他の徳川親藩から幼君を選んで将軍職につかせるべきだ。一つ橋家はこの際幕府から大阪城をもらい受け、近畿に五十万石から百万石の封土を加増してもらう。そして徳川宗家と共倒れになることを避けながら、独自の実力をたくわえてゆく。それが日本のためであり、徳川一門のためであり、慶喜のためでもある。これが榮一の論旨だった。

原は賛成して二人が慶喜に進言する日取りまできめてくれたが、そのまえに慶喜は幕府から派遣された老中板倉周防守らと会談して、宗家相続を引きうけてしまった。所詮二青年の手のとどく問題ではなかった。

「いくら名君だといっても、要するに慶喜公は腰の弱い貴公子だ。これから先が思いやられる」

榮一は喜作とそんな愚痴をいい合った。後年榮一はその編著「徳川慶喜公伝」に当時の感慨を「余は失望落胆、不平、不満やるかたなかりき」と書いている。

将軍家茂の喪はまだ秘してあった。慶喜は徳川宗家を相続したが、思うところがあって、しばらく将軍職は受けなかった。そして自ら長州征伐に出陣することを決意して勅許を得た。慶応二年の八月である。このとき榮一は本営勤務を命じられた。しかし榮一はことさら第一線の戦闘に立つ役を志願した。

そもそも榮一は攘夷倒幕を志して郷里を出奔した。それが不思議なまわり合せで徳川の親藩一つ橋家に仕えることになった。しかも倒幕の志はすてずに、徳川一門の内部からその期をうかがってきた。すると一つ橋藩主の慶喜が徳川宗家を相続してしまった。やがては将軍職も受けるだろう。そして栄一も幕臣になる可能性が多い。それではミイラ取りがミイラになるわけだ。おまけに慶喜は優柔な殿様である。自分の前途に光明はなくなった。ところへこの長州征伐である。彼の失望落胆、不平、不満のせめてものハケ口が、長州征伐でいさぎよく散ることだったのだ。

彼は出陣を前にして、故郷の妻へひとふりの懐剣に手紙を添えて送った。そしてそれから六十年後、保存されていたその品々をながめて、栄一はこんな和歌をよんでいる。

消え残る露の玉づさ秋の霜
　　すぎし夜寒のあとをこそ見れ

さて慶喜は長州征伐の決意を固めたが、薩州、芸州その他の諸藩が幕命に従わない。おまけに小倉では幕軍が城を攻めおとされた。そこで慶喜も出陣を見あわせ、軍艦奉行の勝麟太郎（海舟）を広島へ特派して長州と和を結ばせた。だから栄一も戦場に立たずにすんだ。彼に皮肉だった運命も、ここでは彼を危地から救ってくれた。

やがて家茂の喪も発せられ、慶喜も将軍職についた。その結果榮一も幕臣として陸軍奉行支配調役を命じられた。いよいよミイラ取りがミイラになったのである。

もし一橋藩を堅実な中級会社にたとえるなら、幕府は破産寸前の大会社である。大きさは日本一だが建て直しの道はない。中級会社の有能社員だった榮一は、社長もろともこの大会社へ籍を移されたのである。とたんにそれまでと違って、なかなか社長の顔も見られないし、意見を聞いてももらえなくなった。おまけに得意な理財関係の職場から、お門《かど》違いの陸軍畑へまわされた。榮一は辞職しようかと考えた。

しかし浪人したところでゆく先はない。徒食して大言壮語するだけでは倒幕など思いもよらぬ。榮一は喜作と相談して、当分辛抱《しんぼう》することにした。そして何か命を投げだすような事件のおこるのを心待ちにした。

そのころ幕府の陸軍奉行輩下に大沢源次郎という武士があったが、彼は極秘裏に薩摩藩と通じて倒幕の陰謀をたくらみ、その宿所たる北野の某寺院には弓矢鉄砲の備えもある。しかも彼は相当腕の立つ男だという情報が伝わった。

そこで陸軍奉行支配調役の誰かが、奉行の名代として大沢の宿所へおもむき「御《ご》不審の廉《かど》があるから、糺問《きゅうもん》のため召し捕る」と申し渡して縛《しば》ってこなければならない。しかし相手は自暴自棄になって抵抗するかもしれない。組頭《くみがしら》の森某は小才《こさい》のきく江戸っ子風の男だから、そんな物騒な役は引きうけたがらない。また組の中にも危険な使者を志願する物好きはいない。そこで彼らは

「澁澤は根《ね》が浪人でコワイもの知らずだからあの男に限る」と榮一に押しつけた。すると榮一は二つ返事で引きうけた。幕臣という身分にクサクサしていた彼は、彼の表現によれば「死ぬ工夫《くふう》を思いめぐらしていた」矢先だから飛びついたのである。こんにちのスピード狂が高速道路で速度制限を無視するようなスリルを感じたのかもしれない。

ところで榮一は大沢召捕《めしと》りに何の自己批判も感じなかったろうか？　まだ倒幕の志をすてきっていない彼が、なぜ進んで同士を召しとりに出かけたのだろう？　彼の回顧談にその説明はない。しかし筆者の想像によれば、畢竟《ひっきょう》榮一が幕臣だったからだと思う。もし彼が倒幕計画を実行する場合は、きっと前もって幕臣をやめたろう。幕臣でいながら幕府

近藤勇

土方歳三

に弓を引く態度は、筋を通すことの好きな榮一には承服できなかったものと思われる。

都大路にも秋の深まった一夕、榮一は京都町奉行の役宅で、新選組の隊長近藤勇や副長土方《ひじかた》歳三《としぞう》と面談した。大沢召捕りの手はず打ちあわせである。かねて陸軍奉行からの達しで、榮一が大沢の宿所へ踏みこむときは、新選組の侍《さむらい》が六、七人同行することになっていた。

その夜榮一は、土方ら数人に警護されて、ひとまず大沢のいる寺の近くの家へいった。すると見張りの者が、大沢は外出中と報告した。やむなく一行はその家で待つ。この無風流な役目の一団を、洛北の夜は美しい虫時雨《むししぐれ》につつんだ。

大沢帰るの報告がきたので、一同は大刀を手にして外へ出た。すると土方は歩きながら榮一にこういった。

「われわれ新選組がまず寺に踏みこんで大沢を縛るから、そこで貴公が奉行の命を申しわたされるとよい」

「それはいかん。それでは拙者の役目が立たん。まず拙者が踏みこんで奉行の命を伝えてから貴公らが縛る。それが筋道というものだ」

この榮一の抗議を新選組は認めない。オレたちは縛る役目なのだから、縛ってから申しわたせと主張する。榮一もあとへ引かない。

「そりゃ本末顚倒《てんとう》だ。拙者が奉行の名代として、御《ご》不審の廉があるから糺問のため捕縛すると申し渡したとき、彼の罪状は決定されて捕縛の理由も相立つ。いわば拙者はこの役目の正使で、貴公らは副使だ。正使が奉行の命を伝えないうちに、副使が召し捕るのは理不尽だ」

「そんな理屈をいっても、大沢が切りつけてきたらどうする?」

「いらぬお世話だ。そのときは相手になるまでだ」

「貴公にそんな洒落《しゃれ》たまねが出来るか?」

「人を見くびるな。拙者の腕前も知らんで」

さて寺院の門へ着くと、榮一は隊員をそこに待たせ、土方と二人で門内へ進んで玄関に立った。取りつぎに出た門生が大沢はもう寝たという。そこで用向きを伝えると、ふたたび門生が出てきて榮一を招じ入れた。彼は土方を玄関先に残して、単身奥へ消える。

ほの暗い一室に大沢があらわれた。榮一は彼の挙動に気を配りながら奉行の命を伝えた。すると彼はすぐさま恐れ入って、神妙に縄を受けた。大山鳴動して鼠一匹も出なかった。

そこで榮一は大沢を新選組に引きわたしたのだが、そのとき大沢の態度が神妙だったから、その辺は斟酌《しんしゃく》してやってほしいと申しそえた。そして奉行に復命するため榮一が一足先に寺門を出ると、新選組の手のものが大沢の表札を取りはずしていた。その夜陸軍奉行は榮一の報告を聞いてひどく喜び、当座の褒美《ほうび》として羅紗《らしゃ》の羽織をくれた。

後年榮一はこのときのことを、「一般に幕臣の怯懦《きょうだ》だったことが知れる話だ」と評している。

思い出

ある晩私が父に本を読んで聞かせていると、そのなかに新選組の話が出てきた。すると父は「いま読んだ近藤勇も土方歳三もワシはよく知っておったよ」と前置きしながら、召しとりの結末をこんなふうに語った。

「ワシが勢いこんで大沢に申し渡すと、噂と大違いの大人《おとな》しげな男で、すぐさま恐れ入ったよ。まったく拍子抜けがして、おかしかった。土方歳三はなかなか思慮ある人物のように見受けられた。ワシが正使副使の理屈を並べたので、キミはもともと武家の出かとたずねた。そこで、いや、百姓だと答えたところが、彼はひどく感心してね。とかく理論の立つ人は勇気がなく、勇気のある人は理論を無視する。キミは両方いけるとホメてくれたっけ」

この自慢ばなしを聞きながら、私は両方ともいけない自分を心のなかで苦笑した。

そうこうするうち、倒幕論者の榮一を幕臣にした皮肉な運命は、つづいて攘夷論者だった彼を夷狄《いてき》の国へ送ることになった。

慶応二年（一八六六）十一月二十九日に用人原市之進が自宅へ榮一を呼んでこういった。

フランス皇帝ナポレオン三世[※17]が明年パリで世界博覧会を開くについては、世界各国の元首を式典に招待する。そして江戸駐在のフランス公使レオン・ロッシュは、その招待が日本の大君《たいくん》（将軍のこと）にもくるから、大君不参の場合は近親を名代に出されるがよいと建言してきたという。

そこで評議の結果、将軍は水戸にいる弟の徳川昭武[※18]を派遣することにした。昭武はまだ十四歳の少年だから、博覧会がすんでも三年か五年はパリに残して、西洋の学問を勉強さ

徳川昭武

せる。旅行の最終目的が留学だから、随員もなるべく少なくする。しかし昭武側近の水戸侍たちは、民部公子（昭武のこと）一人を禽獣《きんじゅう》夷《い》狄《てき》の国へはやれぬ。何でもお供すると息巻くのを、やっと七人に絞《しぼ》ったが、頑固な連中だから先が思いやられる。

御傅役《おもりやく》には山高石見《いわみ》守、外交には向山外国奉行も随行するが、日常の人事や庶務会計は大仕事だ。そしてその役は澁澤篤太夫が適任だし、パリゆきは本人のためにもなるから と、慶喜が自ら指名してくれた、というのである。榮一は主君の言葉をありがたく聞いて、即座に随行を引きうけた。

仮りに昆虫の変態にたとえるなら、随行の水戸藩士はまだ攘夷思想の整理できない幼虫だったろう。だが榮一は少なくともサナギには進化していた。そのサナギはいよいよ志士というマユを破り、一羽の蝶と化してヨーロッパ文明の花園へ飛びたつのである。

当時ナポレオン三世は東洋政策に熱心だったから、幕府の倒れる寸前には、ロッシュ駐日公使が慶喜にフランス軍艦や兵力の貸与を申しこんでいる。一方パークス英公使は薩摩の西郷隆盛にイギリスの武器兵力の貸与を申し出ている。もし慶喜や西郷が毅然として拒絶しなかったなら、日本の地図に何度線かができていたかもしれない。

ところで幕府は幕末に四回も海外へ使節を派遣した。その四回目がこの民部大輔一行だったのである。当時は日本内地の旅行でさえ水さかずきを交わした時代だ。フランスゆきともなれば死別を覚悟しておくのが常識だったかもしれない。榮一は妻千代の弟で七つ年下の尾高平九郎を見立《みたて》養子に迎えた。家名を断絶させないための風習である。そのため澁澤平九郎は役にはつかなかったが、幕府の禄を食《は》む身となった。

榮一は黒羽二重の小袖と羽織、それに緞子《どんす》の義経袴《よしつねばかま》などを行李に入れた。ほかに古靴を一足買ったり、ボーイの着る燕尾服の上着と縞《しま》ズボンをもらったりした。洋服は何を着てよいのか誰も知らなかった。

大沢源次郎を江戸へ護送してきた喜作は、榮一の出発前に京都へ帰りついた。二人の盟友は別れたあとのことや、いつかおこりそうな幕府の瓦解についても語りあった。そして死ぬべきときは互いにいさぎよく死のうと誓いあった。

出発の二日前、榮一は故郷の妻に手紙を出している。

「お千代どのへまゐる　篤太夫より

一ふで申あげまゐらせ候（中略）民部大輔様と申す上様御弟子様《おんおとうとごさま》へ御附添《そひ》、フランス国へ御つかひおほせつけられ、両三年かの国へまゐり候あひだ、このだんさやう御承知なされたく存じまゐらせ候、まことに思ひがけなき事にてさぞ御たまげなされべく、さりながら月日のたつは早きものに候へば、いづれそのうち御めもじいたすべく存じをり候あひだ、それを楽しみになされ候やうたのみまゐらせ候、ついて此品三種さしあげ申候間、御内々にて御しまひ置きなされたく候（下略）[※19]」

ほかに金五両送ったとも書いてある。榮一が国を飛びだしたのは四年前、それ以来妻子とは宿根《しゆくね》という所で顔を見たばかりの対面しかしていない。それさえもう三年前だ。異国へ旅立つ榮一は手紙を書きながら、つくづく妻をいじらしく思ったろうが、舅姑につかえながら育児に追いまわされている妻は、どんなにこの知らせを恨んだろう。それこそ「さぞさぞ御《おん》たまげなされ」以上のショックだったに違いない。

さて慶応三年正月十一日（一八六七年二月十五日）、徳川昭武の一行二十九人（内四人はフランス人とドイツ人）は横浜を出港した。早朝から雪をチラつかせていた空も、出帆まぎわには晴れた。徳川将軍の名代に将軍の弟が鹿島立ちをするのだ。岸には老中小笠原壱岐守やフランス公使レオン・ロッシュをはじめ多くの役人が見送っている。

やがてフランス船アルヘー号（ALPHÉE）は港に汽笛をこだまさせながら動きだした。蒸気機関の震動もチョンマゲ姿の一行には新鮮な驚きだったろう。二十八歳の榮一は難局日本をあとに、どんな夢を洋上に浮かべたろう？

このときの旅行記に「航西日記」「巴里御在館日録」「御巡国日録」の三種がある。随員中の杉浦靄山《あいざん》※20と榮一の共著だが、大部分を榮一が書いたらしい。多少平易にし、新仮名づかいになおしながら、適宜に節録してみる。

「郵船中にて諸賄方《しょまかないかた》きわめて鄭重《ていちょう》なり。およそ毎朝七時ごろ旅客洗面のすみしころ、ターブルにて茶を呑《の》ましむ。茶中かならず雪糖を和し、パン菓子を出す。また豚の塩漬などを出す。ブール（注　バタのフランス語）という牛の乳の凝りたるをパンへぬりて食せしむ。味はなはだ美なり。（中略）食後カッフヘェーという豆を煎じたる湯を出す。砂糖牛乳を和してこれを飲む。すこぶる胸中をさわやかにす」

「牛の乳の凝りたる」バタを文字通りバタ臭いと毛嫌いした水戸藩士もいたろう。しかし「航西日記」の筆者は「味はなはだ美なり」「すこぶる胸中をさわやかにす」と味覚的にひどく進歩的だった。

次は上海の記事である。

「江岸はすべて瓦斯灯《ガスとう》（地中に石炭を焚き樋をかけ、その火光を所々へ取るもの）を設け、電線（鉄線を張り施しエレキテールの気力を以て、遠方に音信を伝うるものをいうなり）を施し、佳木《かぼく》を植え、道路平坦にてやや欧風の一斑《いっぱん》を見る。……」

珍らしいものは解説した上、時には西洋の進んだ点と東洋の遅れた点を対比させて感想など付記している。一行は香港でアンペラトリスというフランス船に乗りかえた。

こんな話が残っている。何でも一行が上陸するとき、榮一はここぞとばかり例の燕尾服を着て縞ズボンをはき、古靴をはいて昼間のデッキに出た。むろん頭はチョンマゲである。それを見た一行中の外人が声をひそめて、「チョッと澁澤さん下まで」と船室へ連れもどし、「その服装あまりおかしい」と注意して和服に着かえさせたという。

三月二十一日（陰暦二月二十一日）にスエズに着いた。まだ運河はできていなかった。一行はアレキサンドリアまで汽車に乗った。「航西日記」にはこうある。

「……一八六五年ごろより仏国会社にてスエズより地中海までの堀割を企て（注　レセップの運河工事）しかも広大なる土木を起し、この節経営最中《さいちゅう》のよし。汽車の左方はるかにタントなど多く張り並べ、土畚《もっこ》を運ぶ人夫等のゆきかうを見る。竣成は三、四年の目途にして、成功の後は東西洋直通の波路を開き、西人東洋の商貨を運輸する便利昔日に幾倍するを知らずといえり。すべて西人の事をおこす、ひとり一身一個のためにせず、多くは全国全州の鴻益《こうえき》を謀る。その規模の遠大にして目途の宏壮なるなお感ずべし。夕七時ごろ調度食料パン乾肉果物葡萄酒等を用意して汽車にて発す。……」

一行の中に綱吉という髪結い兼裁縫師がいた。彼は車中でオレンジを食べ、皮をむいては車窓の外へ投げた。窓に無色透明のガラスなどというものが張ってあるとは知らなかった。ガラスはまだギヤマンとかビードロとか呼ばれる貴重品で、庶民生活とは縁遠かった時代である。

さて綱吉の投げたオレンジの皮は、当然ガラスに当たって前の座席にいる異人の頭へハネ返った。しかし綱吉先生は皮を窓外へ投げすてたつもりでいるから、すましてこの動作をくり返す。すると異人のほうはガラスを知らない人間を知らないから、これを悪意のイタズラと解して怒りだした。

怒られた綱吉はやっと事情を察したが、わずかの過失を怒りだした異人の狭量に腹を立てた。そして言語不通の敵愾心《てきがいしん》があわや取っくみ合いというとき、通訳が駈《か》けつけて国際的紛争も笑い話に終わったという。

思い出

明治三十六、七年ごろ、小学生の私は通学するのに王子上野間を汽車で往復した。その時分の三等車の窓ガラスには、中央に一本細い白ペンキの横線が引いてあった。当時の乗客には綱吉先生がまだ多かったからである。最近ガラス工業が発達して、床から天井まで一枚ガラスの張ってあるビルなどある。おかげで時には怪我をする綱吉まで現われる。歴史はくりかえすだ。そのため最近の大ガラスには模様や字がスリだしてある。

※16 徳川十四代将軍家茂（1846－1866）御三家の一つ紀州藩主徳川斉順《なりゆき》の長男。一橋慶喜とともに十四代将軍の候補とされ、大老井伊直弼らの支持により就任。のちに公武合体のため、孝明天皇の妹和宮と結婚。幕末の動乱の中、将軍として約230年ぶりの上洛を果たし、第二次長州征伐の最中に病没する。享年21歳。

※17 ナポレオン三世（1808－1873）高名なナポレオン（一世、ボナパルト）の甥。反乱を企てた罪で亡命、投獄も経験するが、のちに国民の支持を得て、大統領から皇帝に就任する。ナポレオン三世率いるフランスは幕末期に幕府側を支援しており、ナポレオン三世から徳川慶喜には軍服も贈られている。

※18 徳川昭武（1853－1910）水戸藩主徳川斉昭の十八男。十五代将軍慶喜の16歳年下の異母弟。帰国後、最後の水戸藩主となるも、廃藩置県でその地位を奪われる。1876年にはフィラデルフィア万博に渡米後、フランスに再留学。その後は、千葉県の松戸に移り住み、陶芸、写真、作庭などの趣味に打ち込んだ。

※19 妻・千代に宛てた手紙の大意は以下の通り
「お千代どのに、一筆申し上げる。『民部大輔』の地位にある一橋慶喜公の弟さまに付き添って、フランスまでお仕えするよう仰せ付けられたため、両3カ年、フランスに訪問することとなった。そのことご承知くだされたく、お知らせした次第である。誠に思いがけないことで、さぞ驚かれたことだろう。しかし、月日の経つのは早いものなので、いずれそのうちお会いできるだろうから、それを楽しみにしてくださるようお願いする。ついては、この3種の品を差し上げるので、内々にしまっておきなさい」

※20 杉浦靄山（1835－1877）本名、杉浦譲。通称は愛蔵。甲斐国出身の幕臣。維新後、新政府に出仕し、郵便事業の開設などに功績を残す。5歳年下の渋沢栄一と仲が良かったようで、渋沢が大蔵省に新設された改正掛の掛長に任命された際には、杉浦を改正掛に登用している。
徳川昭武の随行員としてパリに行った際には、昭武はグランドホテルに宿泊したが、渋沢と杉浦、および書記官の木村の3名は、費用がもったいないからと安いアパートを探して宿泊している。

16

花の都パリ

一行は四月十一日の夕方、花の都パリに着いた。横浜を出てから五十六日目だった。見るもの聞くもの不思議ずくめの旅が、いよいよ本舞台の幕をあげたのである。むろん一行も花の都に目を見張ったろうが、パリ人もチョンマゲで大小をさした和服姿の一団に目を見張ったろう。

榮一（フランスにて）　渋沢史料館所蔵

「フロリヘラルド（注　Fleury Hérald）先導にて、巴里都中央カプシンヌ街なるガランドホテルに投宿せり」と日記にある。フロリヘラルドは幕府から日本の名誉領事を委嘱されていたパリの銀行家だ。彼はフランス政府から徳川昭武の補導役を任命されていたので、自然栄一もこの人から、財政経済その他百般の社会的新知識を学ぶことになったのである。

フロリ・ヘラルド　渋沢史料館所蔵

四月二十八日にナポレオン三世の謁見式があった。

「航西日記」を読むと、フランス王権最後の花ざかりが天然色の時代映画みたいに目にうかんでくる。

まず徳川昭武公使のホテルへ、宮廷から馬車がさしまわされる。二人の典礼掛（てんれいがかり）（式部官）は金飾のついた礼帽と紫羅紗の礼服に剣をさげていた。

四台の馬車がホテルの門を出る。「第一車は前乗、四馬、御者二人騎士二人ずつ車の前後に立つ」とあるから、四頭立ての馬車で、向山全権と山高傅役と式部官一人と都合三人が乗る。

「第二車は中車、六馬、御者四人騎士二人ずつ車の前後に立つ」これに徳川公使と式部官一人とカション（日本から随行したフランス人）との三人。そして第三、第四の後乗の馬車がつづく。この衣冠束帯、狩衣《かりぎぬ》、素袍《すおう》と金モールつき礼服の一団は、パリのグラン・ブールヴァールをものものしく行進する。「公使の馬車行列を見んとて、都下の老幼は勿《もち》論《ろん》近郊よりも来り、群集道にみてり」

それは金色サンランたるアンピール様式[※21]の壮麗な王室用馬車が、極東の貴賓を乗せてくりひろげる、宮廷儀礼の一大レビューだったに違いない。

さてチュイルリー宮[※22]に着くと、正面の両側に二人の騎兵。門内に進めば左右に捧《ささ》げ銃《つつ》した歩兵の整列だ。そして公使の馬車が近づくにつれて、宮殿内から軍楽隊の吹奏がひびく。公使一行が玄関で車をおりると、階上では百人の近衛兵が整然たる直立不動の姿勢。礼典掛総頭取（式部長官）が階下に出迎えて一行を宮殿内にみちびいた。

「一ト間《ま》ごとに鎖《とざ》し、門官二人ずつ立侍《りつじ》して、行き当れば開き入れて直ちに鎖す。第五の戸扉《とびら》に入れば、すなわち謁見の席にて、三段高き壇、左仏帝右帝妃、左方外国事務執政大臣その他貴官列し、右方高官の女官列したり」

公使はカションの通訳で、皇帝皇后とあいさつを交わした。絢爛《けんらん》たるルイ式宮殿と花のような貴婦人の盛装は、夢心地の一行に夢ならぬ竜宮城を思わせたかもしれない。

五月二日。マルセイユで写した一行の写真がとどく。この日一行は軽気球を見物した。

五月三日の夜八時から、仏帝の招待でオペラ座見物。（文章に注をつけておく）

「……接続に言語ありて大方は歌謡なり。（中略）その歌曲の抑揚疾舒《よくようしつじょ》（メリハリと早い遅い）音楽と相和し、一幕ぐらいに舞踏あり。二八の娥眉《がび》（若い美女）名妓五、六十人、裾《すそ》短き彩衣《さいい》繍裳《しゅうしょう》を着《ちゃく》し、粉妝《ふんしょう》（化粧して）媚《こび》を呈し、冶態《やたい》（シナを作って）笑みを含み、みな細軟軽窕《ちょう》（スラリとしなやかで軽妙）を極め手舞踏転跳躍《とうてんちょうやく》一様に規則ありて、百花の風に繚乱《りょうらん》するごとし。かつ喜怒哀楽の情をこらし、（中略）舞台の景象、瓦斯灯五色の玻璃《はり》に反射せしめて光彩を取るを自在にし、また舞妓の容輝後光（スポットライト？）あるいは雨色月光陰晴明暗をなす。須臾《しゅゆ》（瞬時）の変化その自在なる、真に迫りて観するにたえたり」

オペラの第一印象が巧みに描写してある。無表情国、無写実国日本から渡来して、花の都の舞台芸術が表情だくさん、写実上手なのに驚いた様子がよくわかる。

思い出

私はこの一文を読むたびに、父が創立委員長となって、明治四十四年（一九一一）に帝国劇場を建てたことを連想する。あのとき父はきっとパリのオペラ見物を思いうかべたにちがいあるまい。

五月四日「夜十時ミニストル館に至り舞踏を見るに陪す。これは舞踏の席を開きて親族知友を招待するにて、また礼会の一なり。けだし夜茶会の盛挙なるものにして、施設もすこぶる華美なり。（中略）男女年ごろの者相互に容貌を認め、言語を通じ、賢愚を察し、自ら配偶《はいぐう》を選求せしむ。（中略）かの楽しんで淫せざるの風を自然に存せるならん。（中略）この会を仏国にてはバルという。あたかも本邦の北嵯峨、大原、岐岨《きそ》、藪原等盆踊りの類に似て大いに異るものなり」

一行は凱旋門《がいせんもん》にも登った。（まだエッフェル塔はなかった）動植物園へもいった。プラース・ド・ラ・コンコルドの夜景に「暗夜とても瓦斯灯掩映《えんえい》して人の眉毛を弁ず」と驚きもした。イタリア・オーストリア戦争のパノラマも見た。またヴィクトール・ユーゴーの「レ・ミゼラブル」の中でジャン・ヴァルジャンの歩いた地下水道にもはいった。当時の日本には影も形もなかった、立派な施設の総量がパリ市だったのである。慶応三年の「おのぼりさん」は見学に寧日がなかった。

六月六日。一行はナポレオン三世がボア・ド・ブーローニュの練兵場でおこなった観兵式を陪観した。その日、式のあとで、ナポレオン三世がロシア皇帝アレキサンダー二世や王子たちと一台の車に同乗して松林へさしかかったとき、ポーランドのベリゾウスキーという青年がロシア皇帝を目がけてピストルをうった。弾丸は騎兵の馬を傷つけただけだったが大騒ぎとなり、青年はその場で捕えられた。

後日青年は法廷で「ポーランド人の打つ弾は必ずロシア皇帝に命中する。私は祖国をロシアの虐政から救う以外のことは考えない」といった。「航西日記」は「ル・シエークル」

紙の記事を訳出して、「新聞の速かにして委《くわ》しきと、且《かつ》その寛容なる国風を知らしめんため、そのまま記せしものなり」と結んでいる。敏速な新聞報道も、犯人の人権尊重もない日本の姿を榮一は未開国として振りかえったろう。そして高崎城乗っ取りや横浜焼きうちを計画した昔を思いだしたろう。

六月九日。徳川昭武はナポレオン三世の招待で、ロシア皇帝やプロシャ王とともにヴェルサイユ宮殿へいった。榮一も随行している。一九一九年に第一次大戦の講和条約が結ばれた「鏡の間《ま》」の鏡も、この日はルイ十四世以来はじめてチョンマゲのサムライたちを写したわけである。

六月十七日。榮一は千代に手紙を出した。

「……たとえ十年が二十年とても相替りなき赤心、唯々いじらしきはそなたの事に候へども、国のためと存じ候はば辛抱もなるべく、よくよく御了簡《ごりょうけん》、短気なきやうなされたく、くれぐれも念じまゐらせ候……」

千代をいじらしがる榮一自身がいじらしい。宮づかえは基本的人権の前に基本的服従を要求しているのだった。

思い出

それでもこんなノンビリした話もあった。馬術の不得手な父がある日馬に乗ってパリの町を通ると、何に驚いたのか馬が矢のように走りだして、いくら手綱を締めても止まらない。すると巡査が大声で「ここは馬で駈けてはいけない通りだ」と注意するのだが、馬は依然として走りつづける。落語の「どこへいくかウナギに聞いてくれ」じゃないが「馬に注意してくれ」といいたかったよ、と父が笑ったのを思いだす。

父がフランス語を勉強したノートの中に、「私は便所にゆく」というフランス語を“Je vais où le roi va tout seul”〈私は王も唯一人でゆくところへゆく〉と書いてあった。このクイズめいた言いまわしは、いかにもフランスらしいしゃれた皮肉である。

ナポレオン三世は昭武にヴィレットという陸軍大佐をつけて、射撃その他洋式武術を指導させていた。するとある日この大佐と榮一が議論をはじめた。大佐が日本の剣術より洋式銃槍術のほうが優れているというのに対して、榮一は集団的突撃の場合はともかく、一対一なら剣術のほうが強いと主張する。そして双方自説をまげないで感情的になった。「論より証拠だ。大佐と私が真剣勝負をすれば、実際の優劣は一目瞭然《りょうぜん》だ」榮一がこういったので、大佐も決然と武器を取りにいった。そこで榮一は身支度をしながら、「何を小癪な」と攘夷論者時代の血を湧かせていると、大佐は手ぶらで戻ってきてフランス人らしく両肩をすくめながらいった。「一時は激したものの、考えてみればあなたも私もプランス・アキタケに仕える身だ。こんなことでどちらが負傷しても申しわけない」

むろん榮一もなるほどとうなずいた。

思い出

父はこの話のあとで「相手がワシより少しばかり利巧《りこう》だったおかげで、双方怪我をしずにすんだよ」と笑いながらつけ加えた。

パリ万国博覧会の日本茶屋　　渋沢史料館所蔵

六月二十日。昭武一行は万国博覧会を見物した。「航西日記」に日本の茶店の記事がある。

「この茶店は檜造《ひのき》りにて、六畳敷きに土間を添え、便所もありて、専ら清潔を旨とし、土間にては茶を煎《せん》じ、古味淋酒などを貯《たくわ》え、需《もと》めに応じてこれを供す。庭中休憩の場所に床机《しょうぎ》を設け、（中略）座敷には〝かね〟〝すみ〟〝さと〟といえる妙齢の三女子閑雅に着座して容観を示す。その衣服首飾の異るのみならず、東洋婦人の西洋に渡海せしは未曾有《みぞう》のことなれば、西洋人のこれを仔細《しさい》に見んとせるもの、縁先に立ちふさがり、目鏡《めがね》もて熟視す。その座敷は畳床なれば、これに上ることを許さず。ゆえにその体に近づき迫るは得ざりしが、間断なく蟻付蝟集《ぎふいしゅう》（注　アリのようにたかり、ハリネズミの毛みたいに集まること）して、後者は容易に見るを得ざるも少なからずとぞ。ある良家の少女母に伴われきて、その衣服を借着し、ついにこれを買わんと請いしことありという。その物数寄なる驚くべし」

ところで「カルメン」の著者プロスペール・メリメもこの三少女を見て、ジョニ・ダカンという女友だちに手紙を送り、「……日本の女たちを見て大いに気に入りました。彼女たちは牛乳入りのカフェーのような皮膚をし、それがはなはだ快適でした」などといっている。

七月一日。晴天。世界各国の出品者に対して表彰式がおこなわれる日なので、昭武一行もそれに招待された。

ナポレオン三世は午後一時すぎにチュイルリー宮を出た。儀杖兵に守られた馬車の第六番目は特に立派で、馬が八頭もついていた。皇帝、皇后、皇太子、皇子の乗っている車だ。コンコルド広場からシャン・ゼリゼを進んで、式場のパレ・ド・ランデュストリへ着く。千二百人の楽団が奏楽で歓迎した。

式がはじまる。皇帝は歓呼と拍手を浴びながら壇上に立つと、十数カ国の元首や外交団や大聴衆を前にして口を開いた。

古代のギリシャ詩人はオリンピヤードを一大盛事として、多くの詩に歌った。そして今回の博覧会には世界各国が人知の進歩、技術の発達を競って、あらゆる文明の成果を展示し合っている。開化の極致とはいえないまでも、その階梯となったことは否定できない。もし古代の詩人がこの式を見たら、何というだろう。

物品の陳列方法も新発明の側には古代の遺物、美術品の隣りには実用品といった工合《ぐあい》で、対象の妙を考慮してある。私はこの挙が万民開化の一階梯たらんことを期すると同時に、神の加護によって、この国を愛と正義の勝利へ導くよう敢《あ》えて自ら任ずる次第である。

思い出

国際間のコミュニケなどを知らなかった父は晩年「まるで世界を一呑みにしたような尊大な演説だった」と私に話した。そしてわずか三年後にナポレオン三世は普仏戦争に大敗し、フランスに代わって勢いを得たドイツも、皇帝神権説を信じたカイゼル・ウィルヘルム二世が第一次大戦を引きおこして、一九一八年にみじめな降伏を余儀なくされた。

そうした国々の興亡を目の当り見た父は、よく杜牧之《とぼくし》の詩「阿房宮賦《あぼうきゅうのふ》」※23を引用して人間の思いあがりを戒めた。

「ああ六国を滅ぼすものは六国なり。秦《しん》にあらざるなり。秦を族《ぞく》するものは秦なり。天下にあらざるなり」をもじって、「フランスを滅ぼすものはフランスなり。ドイツにあらざるなり。ドイツを族するものはドイツなり。連合国にあらざるなり」といっていた。その父の死後十四年にして、日本も「日本を滅ぼすものは日本なり」を実践窮行した。

※21　19世紀のはじめにフランスで流行した建築・工芸様式。古代ローマやエジプトなどの様式を取り入れたもので、パリのエトワール凱旋門などがその代表とされる。ナポレオン（1世）の帝政期に最も流行したことから、「アンピール（Empire = フランス語で『帝政』）」と呼ばれた。

※22　16世紀に建てられ、ヴェルサイユ宮殿ができるまで宮廷として使われていたフランスの王宮。フランス革命の際に、ルイ16世やマリー・アントワネットらが幽囚されていた場所としても知られている。しかし、渋沢らがその姿を見学したわずか4年後に、その建物は焼失。現在は庭園（チュイルリー公園）のみが残され、観光スポットとなっている。

※23　晩唐の詩人、杜牧（字《あざな》は牧之《ぼくし》）が詠んだ韻文。「阿房宮」とは、秦の始皇帝が建設した豪華絢爛な宮殿である。「阿房宮賦」では、前段に阿房宮の壮麗さと豪奢な暮らしが描かれているが、最後は独裁者・始皇帝に対する批判的文章となっている。渋沢が引用したのは、最後の段の一節である。

17 三つの驚き

「航西日記」にはパリの劇場に出演した日本芸人のことも書いてある。パリの新聞に出た記事を翻訳したものだ。独楽まわしの松井源水や足芸の浜碇《はまいかり》定吉[※24]ほか数人の芸を詳細に報じて観客の評判なども書いてある。

昭武の一行はパリ滞在中にスイス、オランダ、ベルギー、イタリア、イギリスを歴訪した。どこの国も鄭重に迎えて、国の諸施設や名所旧跡などをよく見せてくれた。残念ながら紙数の関係で割愛する。パリではもちろん、このヨーロッパ旅行でも、榮一の知識欲は海綿が水を吸うように文明を吸収した。そして後年の彼は、最も肝に銘じたという三つの驚きをあげている。

その第一は銀行家フロリヘラルド[※25]に実物教育を受けた株式会社という組織である。パリには数多い銀行や会社がある。それらは大衆の金を集めて、大規模な営利事業を営んでいる。たとえ一人一人の投資額は少額でも、数が集まれば巨大な金額になる。そして経営者の賢明な運営が産業を興しながら利益をあげる。その結果大衆の出した金が子どもを生んで大衆に帰る。引いて国を富ますことにもなる。榮一が日本に帰ってから「合本法《がっぽんほう》」と称して実現したのはその組織だった。

榮一は昭武一行の会計をあずかっていた。そしてフロリヘラルドの配慮で約二万両の金をフランスの公債と鉄道会社の公債にしておいた。ところが日本へ帰るとき社債が高くなっていたので、思いもよらぬ利益を得た。榮一はビックリしながら、便利な組織だと感心した。「合本法」のよさを体験したわけである。

第二の驚きは榮一のすぐ近くに発見された。それは日本みたいな官尊民卑の風がないという事実だった。

昭武の補導役である銀行家フロリヘラルドと陸軍大佐ヴィレットは、任務の必要上榮一ともども打ち合わせをしたり、時には雑談をかわしたりした。士農工商という封建的階級制度の厳重な日本からきた榮一の目には、銀行家は「町人」で、陸軍大佐は「お武家様」である。日本ならこの二人は、同席さえ許されないほど身分に上下があるわけだ。ところがパリにはそれがない。全然対等に応対している。いや、時には武士ヴィレットのほうが町人フロリヘラルドに遠慮していることさえあった。

榮一はきっと岡部の陣屋で代官に威張り散らされたことを思いだしたに違いない。そしてパリにはそんな官尊民卑が見当たらないことに感心して、これこそ本当の人間関係だと思ったろう。

さて第三の驚きは、ベルギー国王レオポルド一世[※26]の言葉だった。昭武が二度目に謁見したときの話である。王は昭武がリエージュの製鉄所を見学したと聞いてこう答えたのである。

「それはよい所を見学なさいました。およそ世界の国で、鉄を多く産する国は必ず富み、鉄を多く使う国は必ず強い。日本もこれから強くなるためには、大いに鉄を使わなければなりません。さいわい私の国は鉄を多く産します。だから、あなたのお国で鉄を使う場合は、ベルギーの鉄を輸入なさるがよろしい」

この言葉は榮一を本当にめんくらわせた。「武士は食わねど高楊枝」の国に生まれ育った彼は、身分のある人が金銭や商売の話など口にしないのが、品位を保つゆえんと心得ていた。ところが一国の王ともあろう人が、三段論法でセールスマンみたいに鉄の売りこみをする。これでよいのだろうか？　榮一は心の中でその是非を検討した。そして王もまた国を代表する国民なのだから、国益を謀る商魂があって然るべきだという結論を得た。

以上三つの驚きも、今から見れば当り前のことばかりで、驚くのが不思議なくらいだ。しかし百年前の一つ橋藩士には三つとも想像もつかぬ社会現象だったのである。そしてそれに驚いた榮一のアンテナは、他の誰よりも鋭い感度を持っていたわけである。やはり一種の「コロンブスの卵」だったかもしれない。

そのころ榮一はパリから郷里の尾高新五郎にこんな手紙を出した。むろん「候文《そうろうぶん》」だが、ここでは現代の口語文になおして節録しよう。そのほうが青年榮一の新鮮な感動をよりよく伝えると思う。

「……西洋の開化文明は聞いていたより数等上で、驚き入ることばかりです。天下の気運とでも申しましょうか、到底人知の及ぶところではありません。(中略) 私の考えでは、結局外国に深く接して長ずる点を学び取り、わが国のためにするほかはなく、以前の考えとは反対のようですが、いまさら日本が孤立することなど思いもよりません。あなたの御意見をうかがいたく思います。

当地の物価が高いことは、お国の五、六倍です。しかし金融は自由自在で、紙幣も正金同様に流通しています。世界の大勢は物価を一国内だけの相場にとどめておきません。外国と交際する以上は、外国で通用している金本位にするより日本の物価を安定させる道はないと考えます。

文物の富、器械の精はかねて聞き及んではいましたが、その実際を見て一段と驚きました。また人が道に落ちているものを拾わず、通行人が道をゆずり合うゆかしさなども実際のことです。そして水や火を使う、便利な仕掛けにはビックリしました。パリの地下はすべて水と火の道です。火はガスといって形なくして燃え、火炎が実に清明で、夜も満面を照らして昼間のようです。また水は全部噴水で、町のところどころから吹いています。その水をそそいで道路のホコリをしずめます。

また、家は七、八階、たいがい石造で、座敷の壮麗なることは公侯のすまい以上です。婦人の美しいことは実に雪のごとく玉のごとく、普通の婦人でさえ、楊貴妃や西施《せいし》（注昔の代表的中国美人）にも負けないほどです。これは博覧会にきている、日本や支那の二、三人と比べて、論のきまったところです。何もかも、ただ嘆息することばかりです」

このフランス文明に圧倒された手紙は、わずか四年前「外夷の畜生共を残らず踏み殺し」という「神話」に血をわかした榮一の実感だったのである。そしてそれを受けとった「神話」の筆者新五郎も、以前とまるで考えが変わって、榮一のいう「外国に深く接して長ずる点を学び取り、わが国のためにするほかなく」に同感したのだった。

むろん「中の家」にもパリから手紙や写真がとどく。写真そのものが珍しい上に、チョンマゲを切った榮一が異人の着る洋服を着ている。千代は変り果てた夫の姿をあさましく思い、人に見せまいと隠した。それを知って兄の新五郎はこうさとした。

「外国の事情を知るには、その国の人と親しくなるのが肝要だ。外国人の中で侍姿などしていては、誰も打ちとけた交際をしてくれまい。それでは外国へいった甲斐がなくなる。姿はどう変っても、心はもと通りの篤太夫さんだよ」

せまい村だからこんな噂はすぐひろがる。ところで近所の親類に、かねがね榮一をよく思わない老人がいた。口も八丁手も八丁の後輩が小生意気に見えて虫が好かなかったのだろう。その老人がパリだよりの噂を聞いたからたまらない。得たりとばかりに悪口をいいふらして歩く。

榮一（髷を切った後の写真）
渋沢史料館所蔵

「幕府を倒すなどといって家を飛びだした榮一は、一つ橋の家来になるさえあるに、間もなく幕府の家来になってしまった。えらそうな口はきいても、命は惜しいものと見える。ところが今度は攘夷を唱えた男が夷狄の国へ渡り、マゲや大小まで捨てて夷狄の風俗をありがたがる。どこまでシャアシャアした男だろう」

この悪口が「中の家」に反射してくるたびに、千代は身を切られるように感じた。しかし新五郎は「時勢の変化につれて志も姿形を変えるのは当然だ。それがわからんヤツの言葉など気にすることはない」と慰めた。

思い出

晩年の父がこういったことがある。「ワシは子供のときから意地っぱりだったから、何か困難な事に出会うと、ここで失敗してまたあのイヤな親類に後ろ指をさされてなるものかと、いつもわが身を励ました。だから結果的には、絶えずワシを親切に指導してくれた新五郎さんより、この意地わるな親類のほうがワシをみがいてくれた恩人ということになる。——ここで微笑しながら——ワシは小さいときから君子ではなかったね」

※24 松井源水（13代・?－1870）は曲独楽で知られた大道芸人、浜碇定吉（1832－?）は足芸を得意とする軽業師。パリで行われた彼らの興行は好評を博し、『イラストレイテッド・ロンドン・ニュース』は挿絵入れで彼らを紹介している。
ちなみに、浜碇定吉らの一行は、日本のパスポート取得者第一号（1～18号）、松井源水一座が第二号（19～27号）とされている。

※25 フロリヘラルド（1836－1913）フリュリ＝エラール。渋沢より四つ年上の銀行家で、渡航した日本人の世話をする「総領事」としての扱いを、幕府より受けていた。渋沢は、後年、彼のことを「至って穏和で利害得失を能《よ》く弁別して所謂《いわゆる》実利主義である」と評し、パリ滞在中、「此人《この》に多く相談」していたことを述懐している。

※26 「レオポルド2世」の誤り。他の伝記等にも「レオポルド1世」とあることが多いが、初代ベルギー国王であるレオポルド1世（1790－1865）は、渋沢らが渡欧する前年に死去しているため、ここで会ったのは、レオポルト1世の子で二代国王のレオポルド2世（1835－1909）だと考えられる。渋沢自身ものちの回想では「レオポルド2世だつたと思いますがネ」などと語っている。
ただし、当時30歳過ぎであったはずのレオポルド2世について「60上位の御じいさんだつた」とも語っており、人物の特定に疑念がないわけではない。

18

不安な帰国

昭武一行がヨーロッパめぐりをすませたころから、パリの新聞に慶喜が政権を返上したという記事が出はじめた。それが昭武の宿所「仮御館《かりおやかた》」を不安にする。そして慶応四年(一八六八)の一月には幕府から政権返上の通知がきた。つづいて三、四月ごろには、鳥羽で幕軍と薩長軍が衝突したことや、将軍慶喜が大阪から海路江戸に帰り、謹慎恭順の意を表したことも伝わった。人々は驚き騒いだが、榮一はくるものがきたと思うだけだった。

十五歳の少年昭武が混乱の日本に帰っても仕方がない。しかし留学をつづけるだけの蓄えもないし、潰れた幕府から送金のくるはずもない。榮一は故郷の父に手紙を出し、昭武とも四人ぐらいで四、五年留学できる程度の金を送ってくれるよう頼んだ。父は田地を売ってもその金は作るといってきた。しかし思いがけない水戸家当主の訃報と共に昭武の相続が決定した旨の通知がきた。彼は至急帰国しなければならない。したがって市郎右衛門の金策も不用になった。

当時幕府の留学生はロシアに四人、フランスに八人、イギリスに九人いた。幕府の瓦解で帰国しなければならない。するとロイドというイギリス人が、船賃横浜払いで、喜望峰まわりの貨物船で帰す手配をした。しかし横浜へ着いても船賃を払わなければ上陸できない。そしてそんな責任者もないだろう。第一、人間を荷物扱いするのは日本の恥だ。こう考えた榮一は昭武の旅費を一万円近く流用して、マルセイユから客船で帰すことにした。

そこで二十一人の留学生を「仮御館」へ呼びよせた。そして広間を片づけて出発までの合宿所にあてた。むろんベッドなどそろえる金も時間もない。すると留学生たちが「人をフロアー（床）に寝かすのは豚あつかいだ」と不平を爆発させた。それを聞いた榮一は腹を立て、おっ取り刀で広間へ怒鳴りこんだ。

「お国の一大事で送金のとだえた現在、旅費がどんなに大切かぐらいは諸君にもわかる

林董

だろう。その中から民部様の大金をさいて客船で帰すのは、私の独断による心尽しだ。諸君を豚あつかいよりも荷物あつかいしてはお国の恥だからだ。

　留学といっても専門知識を学ぶだけが能ではあるまい。祖国の一大事を知りながら、ささいな日常の不便に不満をいうような、そんな浅はかな人間を作るために、日本は苦しいなかから留学生など派遣したはずはない。諸君ももともとベットの上で生まれやしまい、わずかヨーロッパ風に吹かれたぐらいで、フロアーの上は豚だもないものだ。そんなにフロアーがイヤなら、すぐ出ていってもらいましょう」

　榮一の剣幕に呑まれて留学生はみな恐れ入った。その叱られた中には後年の外務大臣林董《ただす》[※27]（十九歳）、帝国学士院会員、貴族院議員菊池大麓[※28]（十四歳）もいた。晩年の榮一に林は「あのときの小言は猛烈だった」といい、榮一も「グズグズいったらハリ倒すつもりだ

エドワルド・スネル

った」と答えて笑い合ったことがあるそうだ。

明治元年（一八六八）十月十五日、昭武一行は一年半も暮らしたパリに別れを告げた。帰りつくべき祖国は暴風雨の中にある。文明の花咲く都に背を向けた一行は、進むにつれて不安の増すのを覚えた。

船が香港に寄航したとき、榮一は会津落城と、榎本武揚が幕府の軍艦をひきいて函館に立てこもったことを知った。そして上海に着いたときは、思いがけなく知人長野慶次郎の訪問を受けた。彼は会津藩の命でスネール[※29]というドイツ人といっしょに、上海へ銃を買いにきたのである。彼は榮一にいった。

「前将軍は政権を返上して謹慎中だが、幕府の艦隊は函館に結集している。もし民部公子がここから函館へゆかれたら、幕軍は総大将に弟君を迎えてふるい立つ。しかもスネール君が鉄砲弾薬を十分手に入れてくれる」

結局、榮一はキッパリ拒絶した。今となっては無名の軍にすぎないし、昭武を戦争の渦中に巻きこむことは、慶喜の苦衷《くちゆう》を踏みにじるだけだからだった。長野もスネールも諦めて帰った。

さて一行は十一月十六日に横浜へ着いた。港は同じ姿でありながら、一行を取り調べたのは明治政府の役人だった。征夷大将軍の弟として見送られた昭武も、今は朝敵の片割れとして冷たく迎えられたのである。「国破れて山河あり」の感が榮一の胸にあふれた。

※27　林董《ただす》（1850－1913）医者の子として生まれ、数え年17歳でイギリスに留学している。しかし、帰国後、彼は戊辰戦争に参加。榎本武揚の軍に加わり、箱館・五稜郭で新政府軍と戦っている。そののち、禁錮刑となるも、釈放後、新政府に出仕。外交官となり、日英同盟締結などに功績を残した。
※28　菊池大麓（1855－1917）洋学者箕作秋坪《みつくりしゆうへい》の次男。2度のイギリス留学を経て、数学者として東京大学理学部教授となり、その後、東大・京大総長、文部大臣、枢密顧問官等を歴任。イギリス留学中にラグビーを体験したことから、日本で最初のラグビープレーヤーであったともいわれている。また、理化学研究所の設立時には、初代所長となっており、その時、総裁には伏見宮貞愛親王、副総裁には渋沢栄一が就任している。
※29　スネール（?－?）ヘンリー・シュネル。幕末期に来日し、プロイセン公使館書記官を務めた。大政奉還後、書記官

を辞職したが、日本に留まり、戊辰戦争に大いに関与する。日本名「平松武兵衛」を称し、奥羽越列藩同盟の政治顧問・軍事参謀として新政府軍と対峙。弟エドワードとともに武器調達などに尽力した。戦後は、日本人を伴って渡米し、カリフォルニア州に「ワカマツコロニー」を建設している。

19 あらしの跡

「野分のまたの日こそ、いみじう哀れにをかしけれ」

維新のあらしも百年後に振りかえれば、清少納言の言葉通りだが、当時の人にそんな余裕はない。榮一も旅行の残務整理で江戸改め東京と横浜の間を何度か往復した。

十一月二十三日、榮一は血洗島村から出てきた父市郎右衛門と神田柳原の武具商梅田慎之助宅であった。海外旅行や維新の大動乱を中にはさんで、久方ぶりの父と子は積もる話が尽きなかった。

中の家はみな無事だったが、戸田の原で飛脚を切った尾高長七郎は、牢を出されたものの、帰宅後病死した。その兄尾高新五郎は澁澤喜作と彰義隊に加わったが、官軍に敗れ、落武者となって諸所を逃げまわったあげく、やっと故郷へたどりついた。

喜作は彰義隊を去って振武軍なる別動隊を結成したが、飯能の一戦に敗れ、最後は函館へのがれた。そしてこの振武軍には榮一の見立《みたて》養子※30澁澤平九郎も参加した。

彼は眉目秀麗の青年だった。手許村の尾高家が雑貨を商ったことは前に書いたが、平九郎の店番する日は近所の娘たちが争って糸や油を買いにきたという。榮一の洋行と同時に彼は江戸に移り住んだが、そこへ維新の動乱だ。昔風に武士道に生きるこの美丈夫は、何の迷いもなく臣節を重んじて彰義隊に投じ、さらに振武軍に加わったのである。

飯能で敗走した彼は単身黒山村にさしかかったとき、三人の官軍に見とがめられ、血闘して重傷を負いながら一人を倒し、二人が逃げ去ったとき傍らの岩に座して割腹した。行年二十二。明治元年陰暦五月二十三日の夕方だった。陽暦七月十二日に当たるこの日、パリの榮一は何も知らずに、こんな日記をつけた。

「朝御乗切（注　昭武の乗馬）コロネル御供。（中略）夜山高石見守罷出《まかりで》る。夜雷気無雨」

平九郎の死体は村人の情けで、どこの誰ともわからないまま黒山村の全昌寺に葬られ、住職から「大道即了居士」という戒名までもらった。大道で即了《すぐ》った人だからであろう。しゃれた和尚《おしょう》さんだ。

梅田宅でこれらの情報を伝えた市郎右衛門は、最後に榮一に将来の方針をたずね、さしあたっていりはしないかと金を用意してきたという。榮一は温情に感謝しながら、いささか蓄えもあるからと固辞した。そして今さら函館へいったり新政府に仕えたりする気もないから、前将軍の隠棲する静岡で、何か生計の道を立てて、旧主の前途を見守るつもりだが、その前に家へ帰ると答えた。市郎右衛門は満足して帰っていった。

それから数日後に榮一は六年ぶりで「中の家」へ帰った。懐かしい故郷は昔ながらの姿で彼を迎えた。維新の動乱は何の爪跡も残していなかった。

母おえいも妻千代も、うれし涙に泣きぬれた。娘歌はもう数え年の六つになり、生まれてはじめて対面した父親にハニカミを見せる。それを解きほぐそうとする父親の笑顔。こうした一家団欒《だんらん》こそ、千代が待ちこがれた夢だったのである。

「榮さんがフランスから帰ってきた」

親類知友もたずねてくる。榮一の語るヨーロッパや東京の話は、血洗島に新時代の息吹きを吹っこんだに違いない。こうして故郷滞在の二、三日がまたたくまに過ぎた。

また東京へ出た榮一は、ある日一つ橋藩の小石川邸（現在の後楽園はこの庭園の一部）や、神田小川町の静岡藩出張所へゆくことが多かった。そして西郷隆盛と折衝して、江戸城を平和裡に明け渡すことに成功した勝麟太郎[※31]と会ったのもそのころだった。彼は榮一から昭武留学の模様や、各国の接待ぶりをくわしく聞いた。そして昭武の水戸家相続の事情や、維新前後の政治情勢を榮一に説明してから

「キミの留学中にこんなことになった。これも平素の油断からだ。要路の者はよく考えなければならん」といった。

榮一は綿密な性質だから、昭武の旅費一切を明細な書類にまとめ、残金二万余円に日常使用した茶碗、茶托の類まで添えて静岡にある藩の勘定組へ届けにいった。明治元年十二月下旬だった。

そのとき榮一にはもう一つの任務があった。それは昭武からの手紙を慶喜に手渡し、こ

の不幸な兄に弟のパリ生活をくわしく報告した上、こんどは慶喜からの返書を水戸の昭武へ持ち帰って、兄の近況をこまかに伝えるという使命だった。宝台院という寺に謹慎中の朝敵慶喜は、洋行帰りの弟に会うことさえ遠慮しなければならなかったのである。

宝台院は粗末な古寺だった。榮一が一室で待っていると、寒気が膝から這いあがってくる。暗い行灯の火影が幽居のわびしさを一点に凝結させたように光っていた。

「これが前将軍のお館《やかた》なのか!」

榮一が感傷に浸っていると障子があいて、影のような人が現われた。榮一は慶喜の側近が自分を主君の居間へ案内しにきたのだと思った。しかしその人はそこに座った。慶喜その人だった。大変やつれている。榮一はわれ知らず畳に平伏した。涙がとめどなく流れた。

「こんなお情けないお姿を拝そうとは……」

榮一は声をつまらせた。しかし気をとりなおして鳥羽伏見の戦争を

「何とか他に手の打ちようはなかったのでしょうか?」と口に出してしまった。

「今さら過ぎ去ったことを兎や角申しても詮方《せんかた》ない。今日はそんな愚痴をいうために会ったのではない。民部のパリ滞在の様子を聞くためではないか」

国家の大所高所から徳川一門や自分自身を捨てた人の心が、月光のように澄んでいた。榮一はハッとわれに帰って、ヨーロッパ旅行の模様をくわしく語った。むろん慶喜は興味ふかげに聞き入っていた。それは謹慎中の彼にとって、何よりも慰めだったろう。

榮一は静岡藩の役所で、慶喜の返事を毎日待った。しかし何の音沙汰もない。そこで勘定頭の平岡準蔵に催促すると、慶喜公の御返事は別の使者が水戸の昭武様へお届けするから、足下が持ち帰る必要はない。足下には当藩で何か役目を申しつけるらしいから、ここに残って御沙汰を待つようにとのことだった。正直な榮一は、それが癖のムカッパラを立てて、平岡やその他の役人に当たり散らした。

「将軍様などというものは、兄弟の情愛もないものか？　兄君と親しくお話し申しあげた拙者が御返事を持ちかえってこそ、御兄弟のお心持ちが通じ合うわけだ。それを返事は別の使者に届けさせるから、お前はここに残れとは何事だ。そんな人情のない御沙汰をそのまま取りつぐ家来も家来だ」

言いたいだけいって、旅館へ引きあげてしまった。すると翌日中老の大久保一翁に呼びだされた。

「貴公は立腹してケシカランことをいったそうだが、こんどの御沙汰は君公御自身のお考えから出たものだ。それはこういう意味なのだ。

もし澁澤が水戸へ返事を持ってゆけば、民部は洋行以来彼を頼りにしているから、手元に置いて重く用いるに相違ない。ところが水戸藩士はとかく党派心や猜疑《さいぎ》心が強い。澁澤が役に立てば立つほど朋輩の怨みを買って、一命にかかわる事態がおこらんとも限らない。だから彼はこのまま当地に留めおくがよいというおおせだったのだ」

榮一は顔もあげられなかった。浅はかな当て推量とハシタない暴言を恥じながら、慶喜の思慮深い恩情に感激した。なるほど榮一の恩人平岡円四郎も水戸藩士に暗殺され、次の用人原市之進も同じ運命をたどっている。

民主主義社会に君臣などという前時代的な人間関係は存在しないけれど、人間が生きている限り、例えば師弟とか先輩後輩とか上役下役とかのあいだに、慶喜と榮一の感じ合ったような友愛精神は永続してゆくだろう。ただ時代に応じて表現形式が変わるだけだ。

思い出

昭和のはじめごろ劇作家真山青果先生のお望みで、私は先生を父の家へお連れしたことがある。そのとき父は長時間熱心に慶喜公のことを語ったが、その中に宝台院の一夜と後日物語も出た。真山先生は指先で眼頭に湧く涙をぬぐいながら傾聴しておられた。そして話がすんでから、いかにも満足そうに「実によいお話を聴かせていただきました」とお礼をいわれた。

こういう情緒も、これからの世代の人には了解されなくなるだろう。それにつけてもこの話が、真山先生の劇にならなかったのは残念だった。

さて榮一は静岡藩から「勘定組頭」に任命された。しかし彼は不遇な主君の禄を食《は》む気になれなかった。一つには民間に殖産事業をおこしたい念願もあったので、彼はその役を受けなかった。のみならず藩士たることも辞退して、静岡紺屋町に「商法会所」という新しい会社をおこした。

当時新政府は「石高《こくだか》拝借」という名で諸藩へ金を貸していた。維新の金融逼迫《ひっぱく》にそなえて政府の発行した五千万両余の紙幣が、いっこう民間に流通しない。そこでそれを全国的に流通させる意図から諸藩の石高に応じて新紙幣を貸付け、年三分の利子で十三カ年間に返却させる制度を設けたのである。そして静岡藩にも五十三万両ほどの「石高拝借」ができていた。

榮一は勘定頭の平岡準蔵をたずねて、この金の運営を協議した結果、「商法会所」を設立した。会所の業務は商品担保の貸し付け、定期、当座預金、米穀、肥料の売買、製茶養蚕への融資などだ。いわば銀行と商事会社を兼営する半官半民の会社で、資本金は藩の「拝借金」や個人の出資を集めたものだった。これで新帰朝者の最新知識「合本法」も、いよいよ結実したわけである。明治二年二月の開業だというから、たぶん日本で最初にできた株式会社だったろう。

その年の三月には、榮一も妻子を呼びよせて一家を構え、商法会所頭取として業務にいそしんだ。ところが五月になると藩庁がこんな内意を伝えてきた。商法会所が藩の出資した商業を営むことは政府の方針に反するから、営業の実体はともかく名称だけ変えろというのである。そこで関係者一同協議の上「常平倉」と改名した。これは中国の漢時代からあった名称だそうだが、商法会所がその所有する米穀貯蔵倉庫をこう呼んでいたので、それをそのまま社名にしたのだった。

その年の九月に徳川慶喜は謹慎を解かれて宝台院を出た。

それからしばらくたつと、ある日東京の太政官から榮一に呼び出し状がきた。大久保一翁にきいてみたが、何の用件か見当もつかない。大久保はすぐ出頭するがよいという。そこで榮一は常平倉の業務に、留守中の指示を与えてから静岡をたった。明治二年(一八六九)十月二十六日だった。

※30　当時、海外に行く際には、相続者を定めなければならず、相続者がいないときには、お家断絶となる決まりだった。渋沢には女の子どもしかおらず相続者がいなかったため、特例として「見立養子」をとり、相続者とすることが許されたのである。

※31　勝麟太郎（1823 - 1899）勝海舟。海舟は号で、通称が麟太郎。戊辰戦争時には、幕府を代表して、新政府軍参謀の西郷隆盛と会見。江戸無血開城を実現し、江戸を戦火から救った。
しかし、渋沢の勝に対する評価は芳しくない。大政奉還後、勝が徳川慶喜の静岡での謹慎を決めたことに対し、「勝伯が余り慶喜公を押し込めるや（よ）うにせられて居つたのに対し快く思は（わ）なかつた」と後年語っている。

20

新時代の神々

太政官に出頭すると、榮一は思いもよらぬ「大蔵省租税正《しょう》」を任命された。そこで大蔵省にまわったが、むろん役所に知人などいない。一体、税制に関する知識も経験も皆無な榮一を、誰が推挙したのだろう？　彼は狐につままれたような気がした。

当時の大蔵省はまだ民部省と名のっていて、所管事務も広範囲にわたっていた。大蔵卿は旧伊予宇和島藩主の伊達宗城《だてむねなり》、大輔《たゆう》は肥前出の大隈重信、少輔《しょうゆう》は長州出の伊藤博文。そ

榮一（大蔵省出仕時代）渋沢史料館所蔵

明治初年の大蔵省　渋沢史料館所蔵

して大隈が省内の実権を握っているという噂なので、出仕する意思のない榮一は、大隈邸へことわりにいった。

その理由は榮一が税務を何も知らないこと。静岡に創設したばかりの事業があること。それに従来の恩誼を思うと、旧主慶喜の隠棲する静岡を離れて、新政府の役人になる気がしないことだった。すると大隈は得意の長広舌《ちようこうぜつ》をふるって、榮一を煙に巻いた。

「キミは租税のことを何も知らんというが、その点我輩も同様だ。いや、我輩だけではない。今の新政府に働く者で、役所の仕事に知識経験のあるものは一人もおらん。すべて前例や手本はないのである。日本全体が新規蒔《ま》きなおしになったのである。

キミが旧主の恩誼を忘れぬ一事はまことに奥ゆかしい。また始めたばかりの事業をつづけたく思う気持もよくわかる。だが我輩にいわせれば、失礼ながら目のつけどころが小さすぎる。

現在の日本は少しでも才能ある者が気をそろえて、新規に国を建てなおさなければならないときだ。例えてみれば八百万《やおよろず》の神々が高天原《たかまのはら》へ神《かん》つどいに集《つど》って、国を生んでいるようなありさまなのである。だからキミも一柱《はしら》の神様になって、新しい日本建設に一肌ぬいでくれたまえ。

旧主を思う情誼もさることながら、ここでキミが仕官を固辞すれば、いかにも慶喜公が新政府に楯《たて》をついて、故意に旧臣をよこさないように取られてしまう。それは慶喜公のためにも、

大隈重信

キミのためにもよくないことだ」

気魄と弁舌にかけては人後に落ちない榮一だったが、大隈はまさに一枚上手《うわて》で、結局彼を説き伏せてしまった。そこで榮一も本郷の湯島天神下に移り住んで、大蔵省へ通勤する身となった。ちなみに常平倉は明治四年の廃藩置県で自然消滅という形になった。

当時の榮一がどんな青年だったかを顧みるために、明治四十二年（一九〇九）七月発行の「実業之日本」から、大隈重信の思い出話を節録してみよう。（新仮名づかいに直す）

• そもそも渋沢君を初めて世の中に引き出した者は我輩であった。それで我輩と渋沢君の関係は特別である。

• 当時渋沢君は旧幕臣で、明治政府には出ないといって居った。我輩が大蔵省に入って人材を求めて居ると、郷純造君（誠之助男爵の父）が洋行帰りの渋沢君を推薦して来た。

（中略）

• 今でこそ君は常識円満の大人《たいじん》であるが、当時はまだ一見壮士の如く、元気当たるべからざるものがあった。

• 無論両刀を帯びて、一つ間違ったら一本参ろうという剣幕、家に居る時でも一刀だけは腰より離さないという勢いで、会うといっても容易に出て来ない。
• それで説伏するにはなかなか難しかったが、我輩は、八百万の神が寄合って新日本を作るのだから、君も一つ神様になって呉《く》れといって遂に承諾さした。
• 処がまた一方には、我輩が旧幕臣たる渋沢君を用いたというので、旧幕臣中にも新政府中にも反対があり、殊に大蔵省の官吏達は大不平であった。
• 彼らは殆《ほとん》ど同盟罷工（注　ストライキ）という様な勢いで我輩の処へ遣《や》って来て、あんな壮士見た様な幕臣を我々の上に抜擢《ばってき》するのは何事だといって非常にやかましい談判であった。（下略）

このあとを要約すると、一番猛烈に反対したのは玉乃世履（後の大審院長）だったが、榮一の広範囲にわたる超人的な仕事ぶりに感嘆し、半年ほどたつと反対した連中が大隈のところへ不明をわびにきた。そしてその第一号が玉乃世履だったという。

さて榮一は榮一で、大蔵省へ出勤してみて驚いた。事務に秩序も計画性もない。徳川幕府を倒して天下を取ったと自負するような鼻息の荒い連中が、執務中から煙草を吸ったり茶を飲んだりしながら勝手な議論に熱中したあげく、果ては各自の手柄話に終わるのである。そこで榮一は大隈に建言して、省内に「改正掛」という局を新設してもらった。一切の事務を調査研究して、必要ある場合には法制化することもできる機構だった。租税正澁澤榮一は改正掛長を兼務した。

明治四年になると大久保利通が大蔵卿になり、井上馨が大蔵大輔、そして榮一は大蔵大《だい》丞《じょう》に進んだ。しかもすべての省務は井上が切りまわし、榮一はその有力な片腕だった。

そのころ得能良介が省内の出納寮《すいとうりょう》に出納正《すいとうのしょう》として就任した。得能は大久保利通や西郷隆盛と同じ薩摩藩の出身で、榮一より十七歳も年長だった。いざ出仕して見ると、薩長の天下といわれた役所の上役に若僧の榮一がいる。しかも彼は旧幕臣で、元をただせば武蔵の国の一農民にすぎない。得能の腹のなかには不平不満がモヤモヤしだした。

ところで明治三年の冬から四年の春にかけてアメリカへいった伊藤博文は、アメリカ政府の会計事務を調査して、洋式簿記という土産を持ちかえった。榮一はそれが日本在来の大福帳式経理に比して、数等合理的なことを知った。記入法はチョッと面倒だが、正確で整然たる経路を示す。榮一の進言で井上は大蔵省にアメリカ式会計法を採用し、金銭の出納に伝票を使うようになった。いきおい役人たちがよく記帳のつけ違いをするので、そのつど榮一は小言をいっていた。

ある日榮一が執務している部屋へ、出納寮から得能がやってきて、榮一の下僚と激しい口論をはじめた。丁度そばを通った榮一が仲裁にはいると、得能は榮一に食ってかかった。

「貴公は西洋かぶれして伝票などという小うるさいものを書かせるが、一体あれは何のためだ。従来の記帳で結構じゃないか」

得能は顔色をかえ、声までふるわせている。

「いや、それは慣れないからだ。少し辛抱すれば何でもなくなる」榮一はこう答えた。

「バカな！　あんな七面倒なことをやるから、間違いのおこるのは当然だ」

売り言葉に買い言葉で、榮一の返事も皮肉になった。

「これは驚き入った。伝票の記入一つできないで、よくも出納正が勤まりますな」

「なにをッ！」

いきなり得能は榮一を突きとばした。不意を打たれて倒れそうになった榮一は、危く踏みとどまりながら考えた。ここで腹を立てれば格闘になる。彼は冷静を取りもどした。

「役所の仕事について異議をいうなら口がある。腕力沙汰は大人気《おとなげ》ない！」

榮一の言葉に得能もやむなく引きさがっていった。しかしその場に居合せた榮一の下僚たちはおさまらない。

「実にけしからん。上役の大蔵大丞に対して下役が乱暴をはたらくとは何事だ。ゆるしておけん」と怒りだしたので、逆に榮一が「まあまあ」となだめる始末だった。しかしこの事件は表面化して、得能は「本官を免ず」という辞令を渡された。ただし情状酌量の意味で「御用有之《これあり》滞京すべし」という待命の沙汰がついていた。大変な厳罰である。榮一はかえって気の毒に思った。

この事件には後日物語がある。

明治六年に榮一が第一国立銀行を創立して、その総監役になってからの話だ。当時第一銀行は兌換券《だかんけん》を発行していた。しかし金貨の相場が高くなると、内外の商人たちが銀行紙幣を大量に持ってきて金貨と兌換してゆく。これではせっかく発行した銀行紙幣の流通が安定するはずはない。銀行の存立に危険を及ぼす致命的な事態である。

そこで榮一は大蔵省紙幣寮へ出かけた。ところがあいにくなことに、紙幣頭は例の得能良介だった。しかし榮一が面会すると彼は懐しそうに迎えて、虚心坦懐《たんかい》に陳情を聞いてくれた。

陳情の要旨は、第一銀行の紙幣を金貨に引き換えることを禁止して、政府紙幣を兌換する、という方法だった。得能は「それはこまる」と答えたが、それ以外に銀行を救う道のないことを榮一が力説したので、得能は将来必ず改正すると答えた。そして後日その通りにしてくれた。榮一は彼の公平な態度に敬服して、それ以来親しい交際をつづけた。得能もすでに榮一の手腕や人柄を見直していたものと思われる。すがすがしい話だ。

政府は明治三年ごろから製糸事業を調査しはじめた。少年時代から家業の養蚕を手伝っていた榮一は、熱心な主唱者の一人だった。そして明治五年には上州富岡に洋式製糸場を新設し、工場の指導者にフランス人ブリューナを雇った。「文明開化」の方法で生糸の改良と増産をはかり、海外輸出をふやす意図である。ちなみに日本の生糸がそもそも輸出されたのは、万延元年（一八六〇）に甲斐の商人伏見屋忠兵衛が、横浜海岸七番のイギリス人に売ったのが最初だといわれる。

新時代の神々は東京横浜間に汽車を走らせた明治五年に、富岡製糸工場[※32]も建てたのである。そして榮一は養蚕に精通している尾高新五郎に工場の管理を依頼した。ところがこの事業には、今から見ると考えられないような障害がつきまとった。

まず第一が土地の人の反感だった。官営で製糸事業の範を示そうという政府をアザ笑った。養蚕はオレたちのほうがうまいという腹があるからだ。第二はブリューナ夫妻の宿所を提供してくれる者がない。異人を郷土に入れれば神仏や先祖の祟りがあるというのである。そして第三には工場の建築用材を妙義山の森から切りだすことに対する反対だ。異人のためにスミカを荒された天狗が怒って、村民に祟りをするというのである。

新五郎は根よく村人を説きさとして、やっと工事にかかると、こんどは煉瓦やセメントがない。そこで彼は苦心の末、それらと同じようなものを製造することに成功した。いま試みに当時外人に与えた月給を掲げてみる。

首長ブリューナ（外に妻子従者合計四人）　月給六百弗　賄料百五十円
検査人ペラン　同百五十弗　同六十六円
同プラー　同百弗　同上
機械方レスコー　同上　同上
銅工方シャトロン　同上　同上
医師マイー　同二百二十五弗　同上
土木絵図師バスチャン　同百二十五弗　同上
女工ヒェーホール　同八十弗　同上
同モニエー　同六十五弗　同上
同シャレー　同五十弗　同上
同バラン　同上　同上

ところで「富岡製糸場繰糸伝習工女」なる日本女工の寄宿舎は賄つきで一室に三人、「夜具其他スベテ御貸渡シ、五部屋ニ付小使女一人附被下《ツケクダサレ》且日々入湯為致《イタサセ》候事」とある。そして一等工女の給金は二十五両、二等十八両、三等十二両。なお明治五年の米相場は平均価格で一円につき米二斗五升七合だった。フランス人が高給だったことはいうまでもないが、国策工場のせいで、日本の女工も優遇されている。

さて工場も寄宿舎も完成して、マユを蒸《む》す「蒸気釜《じようきがま》」は湯気を立てたが、女工応募者は一人も現われない。大煙突から登り竜みたいな煙を吐き、巨大な機械がゴウゼンと独りで動いている工場は、土地の人にはキリシタンの魔法としか思えなかったのである。かてて加えて、あの工場で働くと生き血を搾られて死ぬという風評が立った。

「現に生き血を吸っている異人をこの眼で見た」といいふらす男まで現われる。それはむろんフランス人がブドウ酒を飲むところを見て、一犬が虚に吠《ほ》えた噂だった。

新五郎はこの妄説の事実無根を立証するために、自分の娘を国から呼びよせて女工にした。長い鎖国の歴史が日本にxenophobia《ゼノフオビア》（外来人に対する嫌悪感）を培《つちか》っていたのである。

話は前後したが、廃藩置県は新政府が封建諸侯の地域的旧勢力をそいで、国家の統一をはかる中央集権政策だった。明治四年六月、江戸城本丸の能舞台に椅子《いす》テーブルを並べ、この重要な「御議事」が論議された。

顔ぶれは西郷隆盛、木戸孝允、後藤象二郎、大久保利通、大隈重信、伊藤博文、江藤新平、井上馨などという政界のオール・スター・キャスト。そして榮一も「大内史」という書記の資格で参列した。

まだ全員はそろわなかったが、能舞台の「議事の間《ま》」では、まず君主権と政府権の区別に関する論議が火花を散らした。木戸が、これは重大案件だから、太政大臣三条実美《さねとみ》、右大臣岩倉具視《ともみ》の両公に出席してもらおうと提案して、榮一にその呼びだし状を書かせた。

朝廷と政府の権限を定めて置かなければ、重大な国事を論じるのに困ることが多い。何しろ皇室に関する事項なので、やかましい議論が続出する。いきおい書記の榮一も幾度となく草案を書き直させられていた。そして前日の会議は、参議西郷隆盛欠席のため、その日に延期されていたのである。しかも当の西郷はまだ顔を見せない。

そこへ西郷が大きな眼をしてヌーッとはいってきた。木戸はさっそく両公呼び出しの書状を見せて、内容を説明した。すると西郷はチラリと見ただけで一座に眼を向け、いきなり

「まだ戦争な足り申さん」

といった。君主権と政府権の問題で太政大臣と右大臣を呼びだそうという矢先に、「戦争が足りない」はツジツマが合わなすぎる。一座はアッケに取られ、榮一も「西郷は少しウツケかな」と思った。

木戸は重ねて問題の要点を力説し、榮一も草案執筆者としてそれに補足を加えた。

「いや、話の筋はわかってい申すが、そぎゃんこと何の必要なごわすか？　まだ戦争な足り申さん。も少し戦争せななり申さん」

西郷は戦争一点張りだった。そこで隣席の木戸がまた別の角度から説いたが、

「もうひといくさしてからでなくては、そぎゃん相談はしたかなか」と全然受けつけな

い。こんな押し問答で時間がたつうちに、憤慨して席を立つ者もあらわれ、その日の「御議事」は流会になってしまった。

栄一は井上馨の馬車に同乗して大蔵省へ戻る途中、「西郷のあのザマは何ですか?」といった。すると井上は「西郷はまさかあんなバカじゃないよ。何か底があるんだよ」と答えた。

数日たってから、井上は栄一に笑いながらいった。

「わかったよ、わかったよ、このあいだ西郷のトボケた意味が……」

西郷の真意はこうだ。君主権や政府権の問題はもっと国内が安定してから議すべきで、その前に廃藩置県を断行しなければならない。そして断行すれば旧藩士が反抗する。それを弾圧すれば戦争になる。だから政府は戦争の準備をした上で、廃藩置県に踏みきるべきだというのだった。これだけの内容を「まだ戦争な足り申さん」に煎《せん》じ詰めたのだから、「風が吹くと桶屋がもうかる」以上の論理の飛躍だ。西郷隆盛とはこんな調子の人だった。

前述した通り、当時の大蔵卿は大久保利通で、大蔵大輔は井上馨だった。廃藩置県後に

井上馨

大久保利通

大久保は腹心の部下安場保和、谷鉄臣等を省内に入れて、井上の勢力にブレーキをかけた。
ところで井上はよくカンシャクをおこしたので、世間からカミナリオヤジと呼ばれた。しかしそのカミナリも榮一だけには落ちなかったので、「避雷針」という名がついた。これは榮一の勤務がゆきとどいていたせいにもよるが、二人はウマが合っていたのである。井上は榮一より五つ年長だった。
ある日大久保大蔵卿は役所で榮一、安場、谷の三人を呼びよせ、こんど政府は陸軍省の予算を八百万円、海軍省のそれを二百五十万円に決定するというが、君たちはどう思うかと聞いた。安場と谷はすぐ「やむを得ないでしょう」と答えた。

しかし榮一は平素から、国家の財政は歳入の見込みが立ってから歳出を算定するのが健全だと信じている。いきなり陸海軍の経費を天引きするのは乱暴だと思った。そこでそういう意味の返事をしたら、大久保は不機嫌に「では澁澤は陸海軍はどうなっても構わんというのか？」と意地悪くからんできた。

「軍事にうとい私でも、一国の軍備が大切なことぐらいは心得ています。しかし歳入の統計もできないうちから、巨額な軍備を先に決定することは財政上危険だと思います。おたずねがあったからお答えしたので、決裁はもとより大蔵卿のお考えによることです」榮一はこういって、サッサと部屋を出てきた。そしてその晩榮一は辞表をふところにし、井上の屋敷にいってこういった。

「私は大久保さんの御機嫌を取ってゆくことはできません。あなたも私も彼に嫌われています。あの人のお気に入りは安場や谷ですが、二人とも大久保さん同様財政経済のことは何もわかりません。そのわからない連中が、わかっているわれわれの仕事を邪魔するのです。ほかにも大蔵卿の鼻息ばかりうかがっている同僚が大勢います。これではいくらよい政策を立てても、役所の機能は向上しません。働く意義のない場所でムダ骨を折るのはごめんこうむります」

しかしカミナリが「マアそう短気なことをいってくれるな」と榮一をなだめた。カミナリと避雷針が逆になった形である。そして井上は榮一の辞職をこう反対した。

用務多端の現在、キミにやめられては困る。近く大久保は岩倉、木戸・伊藤らと外国へ旅立つ。彼の留守中はオレが大蔵省の全責任を負うのだから、安場や谷の件はどうにでもできる。オレも今はやむなく政界の俗流に泳いでいるが、本来は日本の農商工を発展させたい念願だ。ここで井上は将来の大経倫、大抱負を語って、

「世の中のことはそう短気ではいかぬ。マア我慢せい。やめる場合はオレもいっしょにやめる。さしあたりキミを大阪へやるから、造幣局を見てくるがよい」

榮一は辞任を思いとまって、大阪へ出張した。そしてその年の十二月に東京へ帰ると、神田小川町に家屋敷を買った。ちなみに大久保の外遊中、安場と谷はほかの役所へまわさ

れて、大蔵省の実権は井上の手に移った。

翌明治五年のある日、榮一は小川町の家に思いがけなく西郷隆盛の来訪をうけた。頭は結髪してカスリの羽織を着た草履《ぞうり》ばきの彼は、供を二人連れて玄関に現われると、「西郷吉之助と申す者でごわす」といったそうである。何しろ当時人気随一の参議だから、榮一も鄭重に迎え入れた。個人的に対談するのは京都で豚鍋を馳走になったとき以来である。

西郷はいう。旧相馬藩に二宮尊徳の残した「興国安民法」というよい制度があるが、今回の廃藩置県で廃止されるのはいかにも残念だ。ついては新しい県になっても、あの良法だけは存続させてほしい、と相馬藩士に懇望されたので、それで頼みにきたという。

頼みにきた西郷は興国安民法のことを何も知らない。そんなオオマカな態度も彼らしかった。そこで榮一は大要を説明して、相馬藩では歳出に一定の予算額を定めておき、収益が多くて剰余金の出た年は、その金で殖産をはかったり、新しい土地を開拓したりするのだと述べた。すると西郷は感心して聞いていた。そこで榮一はわざとこんな質問を口にした。

「失礼ながらあなたの御職分は何ですか？」

「参議でごわす」西郷は怪訝《けげん》な顔で答えた。

「その参議ともあろうお方が、御繁用中にわざわざ私風情の茅屋《ぼうおく》へ駕《か》をよせられ、二宮翁の遺法存続に御尽力なさる。これはまことに美談です。しかし西郷さん。あなたが本当に興国安民法を良い制度と思われるなら、なぜ御自身がこの良法と反対な処置をお取りになるのですか？


大蔵省が一心に組んだ国の予算を、ほどよく各省に割当てておくと、あすこからもここからも、これは緊急事だから是非ともこれだけよこせ。何としても絞り出せ。あとは何とかなるだろうと、参議さんが先立ちでお攻めなさる。それをなりませんと断われば、井上はけしからん、澁澤はケチだ……。興国安民法を小さく守って大きく破るものは西郷隆盛……」

「とんだ罪人にするね」西郷は大声で笑った。

「いや、二宮尊徳を今日あらしめば、もっとキツイことを申すかもしれません。どうぞ参議として、一相馬藩の良法などより、日本国全体の興国安民法に御尽力願いたく思います」

榮一に煙に巻かれた西郷は、「いや、ごもっともでごわす」と答えてから、やがて無邪気に首をかしげると

「澁澤さん。オイドンはきょう何しにき申したかな？　オハンに物を頼みにきたのか、それとも叱られにきたのか、こりゃいかん。マア帰るといたそう」

西郷は笑いながら帰っていった。彼は榮一より十三の年長だった。ケタはずれの人物の大きさと天衣無縫なユーモアが、茫洋《ぼうよう》とした後味で榮一を包んだ。

思い出

父はこの話をするとき、自分も西郷隆盛の様子を真似して、少し首を横へ傾けながら「オハンに物を頼みにきたのか、それとも叱られにきたのか……」といったことを思いだす。

西郷参議に苦言を呈しても、各省の予算争奪戦はあらたまらない。司法省と文部省が経費の増額を要求してきたので、大蔵省は拒絶したが、政府はその拒絶を承認しない。そこで井上大蔵大輔はツムジをまげ、病気と称して登庁しなくなった。そして大蔵大丞の榮一も辞表を提出した。すると太政大臣三条実美までが再三榮一の家にきて、井上の登庁と榮一の翻意を懇請した。その結果、経費増額に弥縫策《びほうさく》がほどこされた。

翌六年になると、また各省からの増額要求がきびしくなった。そこで大蔵省は増額拒絶の具申書《ぐしんしょ》を政府に提出したが却下された。やむなく井上は政府に出頭して、くわしく拒絶の理由を説明したが、各参議とも聞き入れてくれない。井上は頼みの綱の大隈と懇談したが、それも徒労におわった。

カミナリオヤジはついに落雷した。こうまで信任されていない以上、辞職のほかはないと思ったのである。そして五月上旬のある日、大蔵省で下僚に辞意を表明して、榮一に「跡の始末はよろしく頼む」といった。榮一は「まるで話がサカサマだ」と思った。

榮一は二年前に井上へ辞表を出したことがある。そのとき井上は榮一を留任させて、やめる時はいっしょにやめようといった。そのあとの雁《かり》が先になって、「跡の始末はよろしく頼む」もないものだ。榮一は井上にいった。

「私はあなたの財政上の卓見に感じて一臂《いっぴ》の力を尽くしてきたのです。そのあなたの意見が用いられない役所に、私が留任して何になります。辞意の表明は私のほうが先口ではありませんか」

そして二人は連袂《れんべい》辞職した。

二人は連名で、政府あての建白書を新聞に発表した。それには歳入歳出の数字をあげた上、国家の財政は入るを量《はか》って出《いづ》るを制すべきだと論じ、その逆をおこなう政府に反省を促したのだった。

明治六年八月の「新聞雑誌一三四号」に次の記事が出ている。

「七月二十日臨時裁判所申渡シ

従四位　井上馨

其方儀、大蔵大輔在職中、兼テ御布告ノ旨ニ悖《モト》リ、其方及渋沢栄一両名ノ奏議書、各新聞へ掲載致ス段、右科雑犯律違令ノ重キニ擬シ、懲役四十日ノ閏刑禁錮《ジュンケイキンコ》四十日ノ処、特命ヲ以テ贖罪《ショクザイ》金三円申付」

文章はひどくものものしいが、贖罪金は大山鳴動して金三円也の鼠一匹だった。政府も井上と榮一の建白書に対し、数字をかかげて反論を公表した。

※32　1872年、フランスの機械と技術を導入して設立された官営模範製糸工場。現在、一部の建物は国宝とされ、2014年、世界遺産にも登録されている。その設立に、渋沢栄一や尾高惇忠ら深川市出身の人間が深くかかわっていたことから、現在、埼玉県深川市と群馬県富岡市は姉妹都市となっている。

21
論語と算盤

ここで話は榮一の経済活動にはいるのだが、その前に彼の私生活にふれておこう。

妻の千代は大蔵少輔夫人として小川町の家に住んでいた。夫婦の仲には長女歌子のほかに、明治三年には次女琴子、同五年には長男篤二が生まれた。新婚まもなくから別々に暮らしてきた夫婦も、やっとむつまじく一つ家にいられるようになった次第である。当時はまだ一般に階級思想が強く残っていたから、お役人というだけで人から尊敬された。ちなみに榮一が今の次官に相当する大蔵少輔に昇進したのは父の死後で、生前はまだ大蔵大丞だった。

郷里の父市郎右衛門がはじめて東京の榮一をたずねたのは、湯島に家のあったころだった。へんに律気な父親はわが子の家に宿泊したとき、榮一を「殿《との》」、千代を「奥さま」と呼んだそうだ。あまり他人行儀でおかしいから、息子夫婦は抗議したが、どうしても改めない。

「たとえわが子にもせよ、当人の才覚で政府の高官になったからは、かるがるしく名前など呼べない」というのだった。

文久三年九月十三日の夜、後の月見に名をかりて、榮一が市郎右衛門に家を出る許しを求めたとき、榮一に対して「農民のお前たちに何ができる。それこれ身のほどをわきまえぬ思いあがりだ」と戒め、「ワシは幕政が悪かろうが役人が威張ろうが、今まで通り百姓仕事に一生を送る」と諦めていた彼は、榮一を鳶《とび》が生んだ鷹と思ったに違いない。

市郎右衛門は明治四年十一月二十二日に六十三歳で他界した。その直前榮一が見舞いに帰郷すると、中の家の玄関先にうやうやしく「盛砂《もりすな》」がしてあった。貴人を迎える礼式である。榮一がくると聞いて、重態の病人が特にいいつけたものだったという。

思い出

晩年の父はそんな話をするとき、微笑しながら、「お父さんは、おかしなお人でね」と、いかにも懐かしそうにつけ加えた。私みたいに「親の七光り」を一生浴び通した人間は、「鳶が鷹を生んだ」といわれるような「鷹」が親を追懐する気持ちは本当にはわからない。きっとおいしいポタージュのような満足感が湯気を立てるだろう。

本論にはいる。

第一国立銀行は明治六年六月十一日に創立された。場所は日本橋区海運橋（この橋も下の川も消滅した）の橋袂《はしだもと》で、当時は珍らしかった洋風五層楼の大建築が人目を引き、錦絵《にしきえ》にまでなった。

資本金は三百万円で、内二百万円を発起人の三井、小野両組が引受け、百万円を公募した。そして両組の均衡を保つために、政府の許可を受けて双方から頭取、副頭取、支配人を一名ずつ出した。しかし二名の頭取がいては経営上困るので、頭取の上に総監役という役を設けて、榮一がそれに就任した。事実上の「大頭取」だったわけである。

明治六年ごろには一般国民も、まだ銀行というものを知らない。だから株主を募集するにも、銀行事業からPRしてゆかなければならない。第一銀行の広告文は「夫《そ》れ銀行は猶《な》ほ洪河《こうか》の如し」という漢文調ではじまっている。その一部を現代の口語文に直してみよう。

「そもそも銀行は大河のようなものだ。役に立つことは限りがない。しかしまだ銀行に集まってこないうちの金銭は、溝にたまっている水や、ポタポタ垂れているシズクと変わりはない。時には巨商豪農の倉の中に隠れていたり、日雇い人夫やお婆さんの懐《ふところ》にひそんでいたりする。それでは折角人を利し国を富ませる能力があっても、その効果はあらわれない。万里を流れる勢いがあっても、土手や岡にさまたげられて進むことは出来ない。しかし銀行を建てて巧みに流れ道を開くと、倉や懐にあった金が寄り集まって、非常に多額の資金となるから、おかげで貿易も繁昌《はんじょう》するし、産物もふえるし、工業も発達するし、学術も進歩するし、道路も便利になるし、すべて国の状態は趣きをかえる。（下略）」

「文明開化」には、すべて注釈を必要とした時代だった。

ところで榮一が官界から実業界に移るという一事は、彼の先輩友人はもとより、世間からも意外に思われた。いくら官界が薩長の天下だといっても、現に武蔵の農民あがりの彼が大蔵少輔になったではないか。やがて大臣になれるかもしれない。何を好んで商工業者の仲間入りをするのだ。彼はやはり名誉や地位より、金がもうけたいのか？

榮一をよく知る先輩や友人は、まさかそうも思わなかったが、それにしても榮一みたいに才能ある人間が官を去るのは惜しい。そして私利私欲に走りがちな民業にたずさわるのは無謀だ、と二、三の友人は彼に忠告した。しかし榮一はこう答えている。

「御忠告はかたじけないが、いささか信ずる所もありますから、思った通りにします。澁澤に能力があると見てくださることは感謝にたえませんが、もし能力があるとすれば、なおさら官界を去る必要があります。もし人材がみな官界に集まり、才能なき者ばかりが民業にたずさわるとしたら、どうして一国の健全な発達が望めましょう。

実をいうと、官吏は凡庸《ぼんよう》の者でも勤まるが、商工業者は相当才腕ある者でなければ勤まりません。しかし今日の商工業者には実力ある者が少ない。士農工商という階級思想の名残《なご》りで、政府の役人たることは光栄に思うが、商工業者たることに恥辱を感じる。この誤った考えを一掃することが急務です。何よりもまず商工業者の実力を養い、その地位と品位を向上させることが第一です。つまり彼らを社会の上層に位させて、徳義を具現するものは商工業者だ、という域にまで持ってゆかなければならないと信じます。

この大目的のために精進するのは男子の本懐です。私は商工業に関する経験はありませんが、『論語』一巻を処世の指針とし、これによって商工業者の発達を謀ってゆこうと思います。民間に品位ある知行合一の業者が輩出して、経営の任に当たるようにならなければいけません。こんな意味で官を辞したのですから、どうぞ私の志を貫徹させてください」

先輩や友人は榮一の真意を了解した。しかし論語で商工業を発達させようという理想は、当時の低劣な商業道徳をかえりみると、手足を縛って荒海を泳ぎわたるような話に聞こえたかもしれない。

榮一の心酔する孔子は「不義にして富みかつ貴きは、われにおいて浮雲のごとし」といっている。しかし社会に必要な事業をおこして、合理的に利益を得ることは、決して「浮雲」のようなものではない。これなくしては、国家の富強も国民生活の向上も望めない。といって手段を選ばない「呪《のろ》うべき黄金への飢《う》え」は沙汰の限りだ。中間に真理の大道がある。道徳と経済は合一すべきだ。ひらたく言えば論語で算盤《そろばん》をはじく。これが榮一の理想であり、信念であり、事業観であった。

明治五年に大蔵省の雇用した英人アラン・シャンドは、日本の銀行業務や貨幣制度に大きな貢献をしたが、彼の著「簿記精法」の中にイングランド・バンク重役ギルバートの示した「銀行業者の心得」という四カ条があげてある。銀行業者榮一の服膺《ふくよう》した教えの一つだが、社会万般の事業に通じる鉄則だと思う。みな「銀行業者は」という言葉に始まる。

一　丁寧にして、しかも遅滞なく事務をとることに注意すべし。
二　政治の有様を詳細に知って、しかも政治に立ち入るべからず。
三　その貸し付けたる資金の使途を知る明識あるべし。

四　貸し付けを謝絶して、しかも相手方をして憤激せしめざる親切と雅量とを持つべし。

あたりまえのことを仕とげるのは、決してあたりまえのことではない。

明治七年に豪商小野組が破産した。しかし第一国立銀行は総監役が事前に手を打って、ともかくも大損害はまぬかれた。こうして榮一は実業界の初試練にたえたのである。

22

東京市養育院

徳川十一代将軍家斉《いえなり》時代の老中筆頭だった松平定信（後の白河楽翁、一七五八―一八二九）は「共有金」という制度を設けた。江戸の町政を改革して町費を節約させ、そのため生じた剰余金に官金を下付して積み立て、それを「共有金」と名づけてもっぱら窮民の救済などに使っていたのである。

しかし維新の社会変革でこの制度も有名無実になったが、明治早々東京市はその金を各種の公益事業に充当した。そして養育院もその一つだった。だからあの施設は松平定信の「共有金」に源を発したわけである。

当時の社会には「児童福祉法」も「社会保障」もなかった。なかには慈善事業などやるから依頼心の強い怠けものがふえるのだという暴論を吐く人さえあった。しかし明治六年には共有金で本格的な養育院ができ、翌七年には東京市の依頼で、榮一はその院長を引きうけた。そして昭和六年に死ぬまで、彼は五十七年間院長を務めつづけた。

榮一は養育院を引きうけてから、パリで見聞してきた慈善事業やバザーなども参考にしている。また、養育院の主任が児童（当時は主として児童を収容していた）のシツケを厳格にしすぎたときは、榮一がそれに注意を与え、結局その人を替えたりしている。

とにかく九十二まで働きつづけて、千百以上の事業に関与した榮一が、まだ三十五歳の若さで養育院に力を入れたのは、いわゆる「年寄りのホトケいじり」とは違う。ことによると癩患者の背中まで流してやったという母の慈悲が栄一に遺伝し、それが時代の演出によって組織化されたのかもしれない。

毎月十四日が松平楽翁の命日なので、晩年の榮一は、その日大きな菓子折を持って、院児の喜ぶ顔を見にゆくのを無上の楽しみにしていた。きっとその表情は、母親お栄によく似ていたろうと思う。

思い出

昭和六年十一月に父が歿したとき、邸内は毎日毎晩弔問客で雑沓《ざっとう》した。するとある夜、家の者が庭の植込みに見なれない中年男を発見した。羽織袴で落葉の上に端座しているのである。

不幸な境遇に生まれたその人は、むかし養育院の院児だったが、現在は小さいながらもある工場の持ち主となって、幸福に生活している。それにつけても少年時代に、院長から受けた恩情が忘れられないので弔問にきたが、名のって出るほどの身分でもないため、「こうして、よそながらお通夜をさせていただいております」というのだった。

家の者はそのありがたい志に感動し、さっそく座敷へ招じ入れたので、その人も父の柩《ひつぎ》の前で心ゆくまで通夜をしてゆかれた。もし家の者が発見しなかったなら、彼は人知れずきて人知れず帰ったに違いない。およそ今日的でない奥ゆかしさだ。

自分の気がすまないから、というだけの理由でなされる孤独な善行は、闇《やみ》を縫う蛍火《ほたるび》のように哀れで美しい。

同じ昭和六年に東京市公会堂で催された榮一の追悼会の席上、当時の東京市長永田青嵐※33の語った思い出ばなしにこんな一節があった。

「飛鳥山のお爺《じい》さんは、東京市のやるべき養育院の仕事を、東京市に代って、東京市などにはできっこない、ゆきとどいた親切さで、半世紀以上も面倒を見てくださいました。今さら東京市がお礼をいうのもおかしいほど、養育院はお爺さんの手塩にかけた、お爺さんの仕事になっていました。

永田秀次郎（永田青嵐）

たしかそれが最後のお正月でした。飛鳥山のお爺さんは養育院で院児にこんな話をしましたが、さすがに実業界の先達《せんだつ》だけあって、数字入りの面白い訓話でした。

『新年おめでとうございます。みなさんも私もまた新しく年を一つ取りました。しかし、みなさんの取った年と、私の取った年とでは、同じ一年でも大変に値打ちが違います。

みなさんはやっと十二、三ぐらいでしょう。ところが私はもう九十以上です。だから同じ一年でも、私には九十分の一の値打ちしかないが、みなさんには十二、三分の一の値打ちがあるわけです。だからみなさんは私よりも、それだけ一年を大事に使わなければなりません』」

※33 永田青嵐（1876－1943）本名、永田秀次郎。淡路島出身の官僚、政治家。三重県知事、内務省警保局長、貴族院議員らを歴任。また、東京市長として関東大震災後の復興に尽力した。俳人としても有名で「青嵐」は俳号。震災後に詠まれた句に「焼けて直ぐ芽ぐむちからや棕梠の露」などがある。永田は東京市長として、渋沢の葬儀で弔詞を読んでおり、追悼公演会では渋沢のことを「少しも肩がこらぬ、誠に好いおじいさんでありました」と語っている。ちなみに大河ドラマ『いだてん』では、イッセー尾形氏が永田を演じている。

23

独占か、共栄か

新興日本の指導的立場にある実業家として、榮一は急がしい毎日を送った。すると明治十一年の八月某日、岩崎弥太郎から招待を受けた。岩崎は三菱財閥の創始者である。

向島の料亭柏屋へゆくと、主客は岩崎と栄一の二人だけなのに、芸者が十数人も呼んである。大変な歓待だ。一座はすぐ屋根舟で隅田川へ出た。

「月もおぼろに白魚の、かがりも霞む春の空……」

河竹黙阿弥が「三人吉三」を書いた安政七年から、まだ十八年しかたっていない大川では白魚も取れた。しかし季節はずれの八月だから、白魚のかわりに、白魚みたいな美しい指がお酌をし、三味線をひき、踊りをおどったのだろう。

岩崎弥太郎

さて柏屋に引きあげると、岩崎は榮一に用件を切りだした。榮一の三十九歳に対して六つ上の岩崎は、すでに海運業の先駆者として巨富を擁《よう》していた。台湾戦争や西南役が事業に幸したのである。彼はまず榮一に、これからの事業はどう経営すべきだろうかとたずねた。

むろん榮一は持論の「合本法」をもちだした。事業は国利民福を目標とすべきものだから、大衆の資金を集めて賢明に運営し、利益を大衆に戻さなければならないという説だ。すると岩崎はそれに反対して、合本法などは結局、船頭多くして船山に登るの類だ。事業は才腕ある人物が独占的に経営しない限りうまくゆくものではないという。そして

「キミとボクが堅く手を握りあって仕事をすれば、日本の実業界は思いのままになる。堅苦しい理屈は抜きにして、これから二人で協力してやろうじゃないか」

榮一は岩崎の考えが自分の所信と正反対なのを知って、激しく反発する。岩崎のほうも

榮一と三井組の人々　渋沢史料館所蔵

榮一を説得しようとする。ついに二人は猛烈な論争をはじめたので、一座もシラケわたった。そこで榮一は席を立ち、そこに居合せた馴染《なじみ》の芸者に目くばせすると、そのままいっしょに柏屋を出てしまった。あとで岩崎がその「ドロン」に腹を立てたことはいうまでもない。これがもとで岩崎と榮一の間には長い反目がつづいた。

明治十三年に榮一は三井系の益田孝や桑名の豪商諸戸清六らと協議した結果、「風《ふう》帆船《はんせん》会社」を設立して翌十四年から営業した。資本金は三十万円で、社長は休職海軍大佐遠武秀行だった。榮一は表面に名を出さなかったが、陰で力を入れた。

当時の近海航路は岩崎弥太郎の主宰する三菱汽船会社が独占していたので、運賃は非常に高く、減額を申しこんでも全然受けつけなかった。岩崎は柏屋で言明した通り、事業独占で利益をあげていたのである。それに対して榮一も海運界で「合本法」の共栄精神を例示しようと試みたのである。つまり柏屋の論争が、具体的な実験材料を得たわけである。

24

グラント将軍

明治初期の日本は欧米先進国から不平等条約を押しつけられていたし、税権も十分には認められていなかった。これに対して外務卿寺島宗則が折衝したため、明治十一年にアメリカ政府からは関税改正の同意を得たが、イギリス公使パークスは強く反対した。

「あなた方は税率の高い低いを論じる。それはあなた方当局の意見に違いないが、日本国民の意思とは受けとれない。なぜなら、日本には失礼ながら、広く民意を聞くべき機関がないからです。世論を代

伊藤博文

表する機関がないばかりか、一国の経済問題に関して、商工業者の意見をまとめる機関さえないではありませんか」

これがもとで参議兼大蔵卿大隈重信や参議兼工部卿伊藤博文が栄一に世論を代表する機関設置の相談を持ちかけてきた。そこで榮一は先進国の商業会議所にならって一つの民間団体を組織した。すなわち明治十一年三月に東京府知事の許可を得て「商法会議所」を創立した。そして選挙の結果、会頭に榮一、副会頭に福地源一郎[※34]と益田孝[※35]が就任した。

後に「財界ロマンス」という書物が「一夜漬《いちやづけ》の輿論《よろん》製造所」と評したのがこれだ。しかしこの

益田孝

福地源一郎

「一夜漬」もその後「商工会議所」と改称して現在に及んでいる。そして出来立ての商法会議所がまっ先に手がけたのは、経済問題ではなしに、グラント将軍歓迎という輿論の製造だった。

ユリセス・シンプソン・グラント（一八二二―八五）はアメリカの南北戦争のとき、北軍の総指揮を取って南軍をくだした勇将で、後に第十八代の大統領になった政治家でもある。彼は大統領をやめてからヨーロッパや中国を旅行して日本へも寄った。それが明治十二年（一八七九）だったのである。

グラント将軍　渋沢史料館所蔵

歓迎準備に取りかかった榮一は、以前徳川昭武の随員としてヨーロッパへいった時のことを思いだした。昭武一行がフランスからイギリスへ海峡をこえた際、多数出迎えた文武官の代表者が街頭で歓迎の辞を述べ、昭武にドーヴァ市の鍵を手わたした。歓迎の誠意を鍵にかたどった記念メダルに象徴したわけである。

そんな風変りな方法が榮一に強い印象を残していたので、彼は福地や益田の賛成を得て、グラント将軍が新橋駅に着いたとき、駅頭で歓迎文を朗読した。明治十二年としては、思い切ってモダーンな演出だったわけだ。しかし賓客に手わたすべき鍵の記念章などは、当時の東京市にはまだなかったろう。


歓迎会のメイン・エベントとして、明治天皇が上野公園でグラント将軍と同席し、日本の古武術「流鏑馬《やぶさめ》」「犬追物《いぬおうもの》」など見物なさる計画が発表された。これこそ将軍に対する最大級の歓迎である。ところが折悪しく東京にコレラが発生したため天皇の臨幸《りんこう》は恐れ多いという反対論がおこり、計画が流れそうになった。

もし中止されれば国賓に対して申しわけない。しかも国交上二度とない好機をのがしてしまう。のみならず商法会議所の面目も丸つぶれだ。といって反対論を無視するわけにもゆかない。さすがの榮一も進退きわまったので、東京府知事楠本正隆へ苦衷《くちゅう》を訴えた。すると二つ年長の知事は親身になって激励してくれた。

「私は東京府の立場から、一身を賭してご臨幸の実現を政府に働きかけます。あなたも気を大きく持って、もっと勇気をお出しなさい」

結局、商法会議所主催の歓迎会は、昼間上野公園で古武術の競技、夜は工部大学で西洋式の夜会などを催した。また新築されたばかりの新富座で歓迎の観劇会を開いている。その夜、国賓グラント将軍の伝記を劇化した幕もあったという。この観劇会は桜痴と号して「大森彦七」「春雨傘」「鏡獅子」など書いた福地の発案だったというから、ことによるとグラント劇は桜痴居士作だったかもしれない。

ともかく歓迎会はとどこおりなく済んだ。そして榮一は個人的にグラント将軍を飛鳥山の別荘に招待している。これを手始めに飛鳥山の家は主人が死ぬまで、外国から来訪した著名な実業家、政治家、学者、芸術家などを数多く迎えた。

※34 福地源一郎（1841－1906）1868年、新政府に批判的な『江湖《こうこ》新聞』を発行し、入獄。同紙は発禁となる。その後、渋沢の仲介で伊藤博文の知遇を得、大蔵省に出仕。岩倉使節団にも加わっている。1874年、『東京日日新聞』主筆となる。劇作家・小説家としても活躍。「福地桜痴《おうち》」の号でも知られている。

※35 益田孝（1848－1938）佐渡出身の実業家。三井物産を創立し、三井財閥の基礎を築いた。1872年、井上馨のすすめで大蔵省に入り、渋沢と出会う。翌年、井上、渋沢が下野すると、「此《この》両氏が政府に居らぬ以上は何条《なんじょう》政府に居るべきや」と自身も大蔵省を辞職。以来、渋沢とも多くの事業を手掛けるようになる。

25

海坊主

「独占か、共栄か」の章に述べた東京風帆船会社は、明治十五年に他の二社と合併して共同運輸会社と改称した。海運業は国家にとって戦時も平時も重要だから、政府もその合併を援助した。三菱会社の独占は困るからだ。それに対して三菱も黙ってはいない。新聞に反対論を掲げた。三菱は海運を独占してはいない。他社の汽船が何十艘もあるではないか。仮りに三菱が横暴で運賃が高い場合は、それを抑える法律は備わっている。なんの必要あって、政府は新汽船会社の合併に力を入れるのだという抗議だった。

これよりさき明治十四年の政変で、参議大隈重信は野に下った。すると大隈と特に親密だった三菱会社に対する政府の態度は一変した。そこへ品川弥二郎が農商務大輔に就任して、政府の三菱圧迫は露骨になった。外務卿井上馨、農商務卿西郷従道（隆盛の弟）の意を受けた品川は、大隈が下野後改進党を組織して、猛然薩長閥政府を攻撃しだしたのに対し、弾圧を加えたのである。まず敵の糧道を断つに限るという理由から、大隈の金穴たる三菱を攻撃した。

むろん三菱も、改進党も、党の機関紙で共同運輸を非難した。しかし一般に反三菱感情が高まっていたため、世論は共同運輸の出発を歓迎した。そして改進党の政敵である自由党は「自由新聞」で激しく三菱をたたいた。岩崎の「独占主義」と榮一の「共栄論」は、はしなくも二大汽船会社という実験材料を得て、政争にまで発展したのだった。

星亨

ところで一代の怪傑星亨《とおる》※36が自由党へ入党するに及んで、改進党との闘争はひとしお尖鋭化した。星は傍若無人型の政治家だったので、東京市会議員のとき、明治三十四年に市庁内で暗殺されたくらいだ。その星がまだ三十そこそこだったから、攻撃の舌鋒《ぜつぼう》は鋭い。彼は岩崎を「海坊主」と呼び、海坊主と結託《けったく》して私利を営む改進党は「偽党」だとののしった。そして国のために断じて「海坊主」を退治し、「国賊偽党」を撲滅しなければならないといきまいた。

そのころ星は全国至るところへ自由党員を派遣して、「海坊主退治」と「偽党撲滅」の大演説会を開き、その会場で紙製の船を焼き、海坊主に象《かたど》ったワラ人形をこわし、「海坊主ほろぶ」と絶叫して痛快がった。悪童じみた政争である。

そんな非難攻撃のなかで、岩崎弥太郎は身体を悪くした。さすが剛腹《ごうふく》な彼も出血競争と悪評に世をはかなみ、ある日一室にとじこもってアワヤ自害という寸前、部下の川田小一郎に止められて事なきを得たと噂された。しかし打撃を受けたのは共同も同様で、わずか六カ月間に六十八万円、即ち資本金の一割余が吹っ飛んでしまったのである。

健康の回復した岩崎はすぐ新手を打った。彼はまず「三菱も利益薄の海運業に愛想をつかし、その資本力を陸上の事業にふり向けるらしい」という風説を立てさせた。そして彼は敵方の油断に乗じて、ひそかに共同株の約半数を買いしめた。そして政府部内に手をまわし、三菱と共同の合併運動をおこしたのである。むろん共同はあわてふためいた。そして政府とも意見の衝突などおこし、経営もシドロモドロになり、株価は額面の三分の二に暴落した。

そこで識者は政府の無方針と品川の無策を責めた。

「政府は三菱の独占を抑えるために共同を設立させた。しかし共同がもし競争に勝てば第二の三菱になるだろう。また勝てない場合は両社共倒れになるだろう。結局、日本の海運界を空白へみちびくだけの話だ」

三菱にしてやられた共同の主脳部は憤慨の極、ある日榮一に敵の悪辣《あくらつ》手段を逐一《ちくいち》報告した上、どうかこれを政府の大官に訴えて、三菱に灸《きゅう》をすえさせてくださいと熱望した。共同とは風帆船会社設立以来の縁だから、榮一は伊藤博文を役所にたずねて、三菱の横暴ぶりをつぶさに告げた。

「どうも澁澤君も妙なことをいわれる。共同側の正しい点を力説するのはマアよいとして、それを証拠立てるために相手方の悪事を列挙するのは卑怯じゃないか。そんなことはお互いに慎《つつし》まなければならん。ましてキミは事業界で立派な人物だといわれ、キミ自身もそう思っているに違いない。そのキミがそんなことをいっては困るじゃないか」

伊藤にたしなめられた榮一は、恥ずかしさのために一時顔もあげられなかったという。そしてこの忠言を一生の戒めとしたそうである。せっかく伊藤に頼んで、三菱に灸をすえてもらうつもりだった榮一が、三菱の代りに自分に灸をすえられてしまったのである。

伊藤は榮一よりわずか一年の年長だが、明治十八年には総理大臣を務めている。この話はその少し前だから、伊藤と榮一では社会的地位も人間の貫禄も違っていたと見える。それにしても当時四十四、五歳で、いわば世間知の甲羅《こうら》を経た実業家が、素直な少年みたいに恥じ入った点は、やはり道徳経済合一論者榮一の特質だったと見てよかろう。

さて三菱と共同運輸は苦闘をつづけて欠損を重ね、両社ともヘトヘトに疲れ切った。政府も傍観してはいられない。そこで農商務卿の西郷従道が両社に合併を勧告した。

三菱汽船は社長の岩崎弥之助（弥太郎の弟）がすぐ承諾したが、共同運輸は重役全部が反対した。彼等は利害の打算を超えて、感情的に三菱を憎んでいたのである。そして榮一も合併に反対した。つまり共同側はそれだけ三菱の術策で煮え湯を飲まされつづけてきたわけだ。しかし政府の強い勧告により、明治十八年に両社は合併し、日本郵船会社という新しい名で、文字通り新しい船出をしたのである。

この辺でまた榮一の家庭に触れておく。榮一の母おえいは、明治七年に海運橋際の第一銀行社宅で、手厚い看護を受けながら他界した。のち明治十年に榮一は深川福住町へ邸宅を構えて移り住んだ。そして明治十五年には長女歌子が法律学者穂積陳重と結婚した。

その新婚当時、東京にまたコレラがはやって、榮一の妻千代はひどくそれを恐れた。そこで穂積新夫婦は母を連れて閑静な飛鳥山の別荘(グラント将軍を招いた家)へいったが、千代はそこでコレラ的症状をおこし、懇ろな看病の効もなく四十二歳の生涯をとじた。

明治十六年に榮一は再婚した。後妻兼子の父伊藤八兵衛はひととき豪商とうたわれたが、商売の手違いで没落したまま世を去った。八兵衛の実弟淡島椿岳は風変りな画家で、内田魯庵が「想ひ出す人々」という書中にその画業と奇行を紹介している。

ところで榮一と兼子の仲には明治十九年に武之助、同二十一年に正雄が生まれた。その年、榮一の二女琴子が阪谷芳郎[※37]と結婚した。芳郎は「歩兵取立御用」の章に出ている阪谷朗盧の四男だった。なおこの年に榮一は兜町の借地に洋館を新築して引っこした。そこで明治二十三年に愛子、同二十五年に秀雄が生まれた。

兜町の洋館は工学博士辰野金吾の設計で、内部の装飾や家具調度は「鹿鳴館《ろくめいかん》」趣味だった。家の両面が川に囲まれていたため、設計者は建築様式をヴェネチアン・ゴチックにした。そして日本に一つしかなかったヴェニス風の二階建洋館は、川水にユラユラと異国情緒の夢を投影していたが、大正十二年（一九二三）の大震火災で、破損した上焼けてしまった。

※36　星亨（1850－1901）幕末の江戸で左官職人の子として生まれる。維新後、官吏となり、1882年自由党に入党。このの ち、官吏侮辱罪（舌禍事件）、出版条例違反で二度入獄を経験した後、衆議院議長、駐米公使、逓信相などを歴任。1901年、星の言動に激怒した教育家の伊庭想太郎により刺殺された。

※37　阪谷芳郎（1863－1941）渋沢の次女・琴子の婿。儒学者の息子で、大蔵次官、大蔵大臣、東京市長、専修大学総長などを歴任。2人の子（渋沢の孫）で、満州国総務庁次長や貴族院議員を務めた阪谷希一《きいち》は、日銀総裁・三島弥太郎の娘と結婚している。ちなみに、弥太郎の弟が、日本初のオリンピック選手・三島弥彦である。

26 壮士

明治大正時代の史論家山路愛山[※38]は「一にも澁澤さん、二にも澁澤さん」という題で、こんな榮一評を書いている。（白石喜太郎著「澁澤栄一翁」より。新仮名に改む）

「（上略）此時《このとき》に方《あた》りて銀行業に執着したる二人の豪傑あり。翁（注　榮一のこと）と安田（注　善次郎）是《こ》れなり。しかも其《その》行方は全く種類を殊《こと》にす。安田は唯だ金貸し両替えの本業を後生大事に守り、塵《ちり》を積んで山と為すの商人道を確守し、段々と一家を興し、而も天性商才ありて時運に後れず、遂《つ》いに日本大金持ちの幕の内に進み入り、其富を以て三井、岩崎の塁を摩するに至れり。

翁は之に反し、第一銀行に根城を構えながら、独り其業に専らならず、日本国の産業に就て色々の世話を焼き、日本国は之が為に益を受けたること多かりしかど、翁の一身は必ずしも富まず、富の道中双六《すごろく》に於ては、翁は大いに安田に後れたり。さりながら翁に依りて日本の政治家は小資本家と声息を通ずべき好個の総代人を得たり。（中略）其頃《そのころ》にては日本は猶《な》お小資本家の国なり。大金が入用ならば是非共彼等の財嚢《ざいのう》を開かしめざるを得ず。さる場合に翁のようなる世界の大勢を知り、公共心に富み、而も実業界の各方面に渉《わた》りて世話役、総代人たる位置にあるものが音頭を取りて金を集むるは最も好都合の事なり。小資本家に於ても翁の如き親切なる先達《せんだつ》に導かれて商売の山に登るは危険少なし。翁は是に依て世間より重宝がられたり。

井上馨は或《ある》時代に日本町人の総元締なりき。政府の大蔵大臣、国債を募《つの》らんとする時（中略）少々の無理は資本家に聞いて貰いたしと思うときは、必ず井上大明神を拝み、其託宣《たくせん》を請い奉《たてまつ》れば、大抵《たいてい》の資本家は大明神の威に恐れて金の用も勤めたり。井上の政界の大隠居にして、日本国の財政に大功罪ありしは実に此総元締たりし隠然の力に依れり。翁も亦《また》此の点に於て井上に似たり。其殊なる所は、井上の町人を押え付けたるは一種の強持《こわもて》にて、苟《いやし》くも身を実業界に置く程のものが、井上大明神の御機嫌に逆《さか》らいては恐ろしきこともありし故《ゆえ》、大抵は其号令に従いたるものなれども、翁は何処までも親切の世話人にて、畢竟《ひっきょう》頼母《たのも》しづくにて資本家の間に奔走したるものなり。されば井上が日本の町人の総取締たる威は夏の日の畏《おそ》るべきが如く、翁の日本町人に世話役たり総代人たる恩は、冬日愛すべきが如くなりしと謂《い》うべき歟《か》。翁の人望高くして長く実業界に感謝せらるること誠に当然なり。さりながら斯様《かよう》に政府にも金持ち仲間にも重宝がられ、一にも澁澤さん、二にも澁澤さん、三にも澁澤さんと頼まれては、翁は勢い繁忙に苦しまざるを得ず（下略）」

これは大正時代に書かれた評論らしいが、この傾向は明治二十年代から榮一に現われて、彼は金融、交通、保険、教育、社会事業、国際親善、電信電話、商工農業のあらゆる分野に事業をおこした。

思い出

父は家庭の雑談でよくこういった。「明治のはじめは日本の草分けだったから、丁度新開地の荒物屋（雑貨店のこと）が必要上なんでもかんでも売らなければならないように、ワシも一人でいろいろ仕事を引きうけさせられたが、社会機構の整った現在では一人一業が本当だよ。一つの仕事を首尾よくやりとげるのだって、なかなか容易なわざではないからね」

明治二十五年の十二月、榮一は伊達宗城[※39]の病気を見舞うため、二頭立《だ》ての馬車に乗って日本橋兜町の家を出た。馬車が兜橋（注　この橋もなくなり、下を流れる川も埋められた）を渡ると、饅頭笠《まんじゅうがさ》をかぶった人力車夫体《てい》の男が二人、身体を包んだ毛布の下に隠し持った刀を抜きつれて、左右から切りつけてきた。もっともその数日前、馭者《ぎょしゃ》の八木安五郎は何者かが馬車をつけねらっていることに気づいたので、警視庁から私服警官を一人さしむけてもらっていたのである。

暴漢の一人は一頭の馬の脚《あし》に切りつけた。馬は嘶《いなな》いて一瞬棒立ちになり、あたりへ血しぶきを散らした。そして他の一人は馬車の中へ突きを入れた。榮一は身を引いて刃先を避けたが、窓ガラスが破れてその破片が彼の手の指を傷つけた。そこで榮一はひとまず懇意な越後屋呉服店（注　後の三越百貨店）へ立ちよって、取りあえず傷の手当てをしてもらった。榮一は店の人に遭難の話をしなかったが、早くも噂を聞き伝えた人たちが店へ見舞いに詰めかけてきたので、事件は越後屋へも知れてしまった。

その日榮一は伊達の見舞いを見合わせて帰宅することにした。すると周囲の知人たちがその帰り道を心配した。榮一の馬車のあとから人力車に乗って警護してきた私服警官は、馬車の別当や付近に居合わせた人力車夫の協力を得た上、暴漢の刀を叩きおとして取り押え、彼等を警察へ連行していった。だから榮一は護衛なしで帰らなければならない。それを案じたのである。

しかし榮一自身はこう考えた。もし暴漢に本当の殺意があるなら、あんな手ぬるい襲い方はすまい。それに抜刀した二人が、たとえ別当や車夫の協力があったにせよ、ああやすやすと一警官に取り押えられるはずはない。これは彼等が何者かに雇われてオドシに刀を振りまわしただけの話だ。……榮一は知人たちの親切に感謝しながらも、護衛なしで帰宅した。はたして何事もおこらなかった。

当時、榮一は東京市の市参事会員に推されていた。ところが、そのころ東京市に水道敷設の議がもちあがった。榮一は公衆衛生の必要上、市がやらなければ会社を設立しようとさえ思ったほどだから、むろん賛成した。すると水道の鉄管を舶来品にするか、国産品にするかで議論が対立した。

何しろ日清戦争の二年前で日本の国民意識は高まっていたし、維新以来の西洋崇拝に対する反動的な感情ももりあがっていた。国産品を主張する論者の何人かは、新規に鋳鉄会社を創立して、東京市の需用に応じようという計画を立てると、榮一の参加を懇請してきた。「一にも澁澤さん、二にも澁澤さん」の榮一ブームを利用しようとしたのである。

しかし榮一は以前ガス会社の鉄管で、国産品の粗悪なことを経験していた。たとえ標本的に小数のものはうまく出来ても、多数の製品となると実用に堪えない。のみならず榮一は市参事会員である。鉄管を買う東京市の役員が、売る立場の会社に関与するわけにはゆかない。彼は新会社への参加をことわり、国産品の使用にも反対した。

いきおい会社設立派は榮一を敵視した。東京市が外国品を買えば彼等の希望利益はフイになる。そこで彼等は演説会や新聞紙上で榮一を非難した。ただされ輸入超過に苦しむ日本が、十分役に立つ国産の鉄管を使用すべきことは国民として当然の常識ではないか。しかも澁澤はあえて外国品を使えと主張する。これは彼が外国の製造会社からコミッションをもらっているからだ。彼のような売国奴《ど》は社会から葬《ほう》むらなければならない。

しかし一点やましいところもない榮一は自説をひるがえさなかった。ために彼等は「壮士」を雇って榮一をおどした。それでも榮一は主張をまげなかった。そこで彼等は強引に鋳鉄会社を設立し、強引に鉄管を市へ売りつけた。その結果、後日、東京市のほうぼうで水道鉄管の水がもりだし、国産品は舶来の鉄管と埋めかえられたのである。

思い出

私のごく小さいころ私のウバが「いま内玄関に壮士がきてますよ」と教えた。こわいもの見たさの私はウバの陰から、恐る恐る内玄関をのぞく。すると外からの逆光に小黒く立った一人の男が笑いながらお辞儀をした。だから私の遠い記憶に残るその壮士は、こわごわしい語感とうらはらの印象だった。
父の馬車に切りつけたその男は警察から釈放されると、父に詫《わび》をいいにきたそうだが、その際「実はあのとき私に頼んだ人は……」と名前をいいかけたので、父は「今さらそんなことを聞く必要はない」とさえぎり、窮状を訴えた彼に何がしかの更生資金を与えたという。父も大きなところを見せたわけである。それが元で、彼はときたま父の家へくるようになったのだったかもしれない。

明治二十七年には日清戦争がはじまった。榮一は広島の大本営へ「天機奉伺《てんきほうし》」（天皇陛下のご機嫌うかがい）にまかり出たが、帰りの汽車でひどい発熱に悩まされた。そこで帰京後主治医の高木兼寛に見てもらうと、右の頬に癌ができたためだという。そして橋本綱常や帝大のスクリッパ教授も同じ診断だったので、榮一は三医師立ち会いの手術を受けた。世間では澁澤もよく働いたが、今度はもう駄目だと噂した。

手術の結果は非常に良好で、榮一の右頬へ大きなエクボみたいな傷跡を残しただけに終わった。しかし癌なら十中八九再発する。しかも榮一はいつまでたっても元気だ。橋本は科学者の率直さで、その後榮一に会うたびごとに「まだ再発しませんか?」と不思議そうにきくので、しまいには榮一も「先生はそんなに癌をお待ちかねですか?」といって笑ったという。

この病気の縁故で明治四十二年に、榮一は癌研究所の副総裁を引きうけさせられた。

※38　山路愛山（1864‐1917）本名、弥吉。江戸生まれの史論家、評論家。『国民新聞』『国民之友』などで執筆したのち、「信濃毎日新聞」主筆となる。山路は、渋沢と安田のことを端的に「渋沢は経国済民の念を以て起ちたるもの也、其《その》人は始めより公人にして、其《その》事業は公の事業也、安田は私の富にして、其《その》大なる富は安田氏一家の富のみ」と評したこともある。現在、山路の著作のいくつかは、青空文庫などで読むこともできる。

※39　伊達宗城《むねなり》（1818‐1892）伊予国（愛媛県）宇和島藩主。幕末四賢侯の一人ともいわれる。維新後は民部卿、大蔵卿などを歴任した。渋沢が、はじめて大蔵省（民部省）に出仕した時の大蔵卿が、この伊達宗城であった。ちなみに、宇和島伊達家は今も存続しており、十三代当主・伊達宗信氏は、現在、宇和島伊達文化保存会理事長などを務めている。

27

煙の町

飛鳥山にある榮一の別荘には「曖依《あいい》村荘」という名がついていた。陶淵明の詩「田園ノ居ニ帰ル」の中の「曖々タリ遠人ノ村、依々タリ墟里ノ烟」から採ったものである。ボンヤリ薄れて見える遠い村から、ナヨナヨと立ちのぼる煙を歌った言葉だ。そしてこの別荘から豊島川（隅田川上流）流域の水田や森を見わたす眺めには、確かにこの詩趣が横溢《おういつ》していた。

村荘の地所は九千坪近くもあって、崖《がけ》には自然の湧水が細いながらも滝を落していた。榮一はそこに広大な家を建てて、明治三十四年に兜町から引き移った。例のグラント将軍を招いた屋敷である。そして兜町にあるヴェニス風の洋館は事務所に使い、かたわら縁故ある学生たちの寄宿舎に当てた。

王子駅を中心として発展しだした工場地帯は、村荘からの眺めを煙突の林と化していった。依々たり墟里の烟どころか、濛《もう》々たる煙突の煙となって、庭の松や梅を枯らし、足袋《たび》の裏を一日で真っ黒にした。家の者がそんな不平をこぼすと、榮一はよくこういって笑った。

「どうもワシが骨折って建てた会社ばかりだから、いくら烟を出されても文句はいえんね」そしてその一つに王子製紙株式会社があった。まだ公害などという言葉も生まれていなかった時代である。

榮一は大蔵省にいたころから製紙事業の将来性を認めていた。紙幣、新聞、雑誌などと、新時代は洋紙を要求するに違いない。結局、榮一の肝煎《きもいり》で王子に抄紙会社ができたのは明治六年、そして官を辞した榮一がそこの社務一切を委任されたのは明治七年、これが王子製紙会社のおこりだった。

明治二十六年の王子製紙会社は社長が榮一、専務が谷、技師長が大川（平三郎、榮一の

藤山雷太

中上川彦次郎

近親）だったが、社内に大波瀾《だいはらん》がまきおこったというのは、三井の総帥《そうすい》中上川彦次郎が三井の資本力で王子製紙を乗っ取るために、腹心の藤山雷太※40を王子の専務としてさしむけていたのが、大川と正面衝突をはじめたのである。昭和二年―十四年刊行の「中上川彦次郎君伝記資料」にのっている藤山雷太の談話にはこんな一節がある。（新仮名に直す）

「其時《そのとき》中上川氏は（中略）君が専務になるのは王子を奪《と》りに行くことであるから、必ず彼らに懐柔《かいじゅう》されるがごときことなく、三井の製紙会社たらしむるのだと言う事を念頭から離してはならぬと言う命を受けた。私も何分年壮気鋭の折柄とて会社を奪りに行くと云《い》うこと丈《だけ》でもすこぶる愉快に感ぜられ、全然他人ばかりの中へ飛び込んで孤立大いに奮闘努力したものであった。(下略)」

そして榮一は明治三十一年に王子から追いだされた。ここでまた前掲の「伝記資料」を引く。

「王子製紙の歴史を見る度に、われわれのいつでも感じるのは澁澤子爵の怨讐《おんしゅう》というものを絶対に超越した洋々大海の如き器である。(中略) 澁澤子は王子製紙を棄てると共に、藤山氏対大川氏の喧嘩《けんか》はまったく他人のことのように忘れて、藤山氏を日糖に推薦し(注 明治四十二年) 藤山一家をして今日あらしむる上に何程か力をなして居る。藤山氏の外、先生(注 中上川) の息のかかった王子の経営者でどの途、澁澤子の世話になった人は他にもあるはずである。澁澤氏には怨讐という心の動きがまったく欠けて居るかにも見えることさえある」

藤山は榮一に王子製紙から手を引けとハッキリ要求した。榮一が中上川の策謀を察知していなかったはずはない。そして王子製紙の生みの親、育ての親は榮一だった。資本力で追い出されるのは心外だったろう。しかし彼は素直に辞職した。他人の資本で事業を経営している以上、大株主が経営を任せたくないといえば、身を引くより仕方ない。株主から委任された事業経営に、誰が主宰しなければという因縁的制約はないはずだ。王子製紙に大資本を投下した三井が、自らの手で経営を望むのは当然の帰結だ。誰の勢力下に置かれようと、製紙事業が発展すれば会社設立の本旨は達成される。榮一は心からそう考えたものと想像される。

岩崎弥太郎と争った時代に比して、敵方である中上川の伝記資料においてさえ、「洋々大海の如き器」と評させたのは、榮一の人間的成長と見ていいだろう。

しかしこんな大海的寛容さは、榮一の部下には頼りなかったであろう。しかし榮一はあとあとの面倒はよく見てくれる。事件の興奮から目がさめると、敵も味方もその懐の広さに心を引かれるらしかった。

思い出

父はいわゆる親分にはならなかった人である。家庭の雑談に秀吉や家康などという英雄評が出ると、父は十分各人の偉さを認めた上で、古来の英傑には「天下を家とする」共通の欠点があると評した。無反省な公私混同を指したのである。そして大小の相違はあっても、天下の公器を家としてはならないといった。例えば父が一生の事業とした第一銀行の株さえ、総資本金の一割程度しか持たなかった。この意味で父は本当に民主主義的な経営者だった。

※40　藤山雷太（1863－1938）佐賀藩出身。慶応義塾で学び、福沢諭吉の紹介で三井銀行に入行。中上川彦次郎に見出され、芝浦製作所支配人、王子製紙専務を歴任。のちに渋沢の推薦で大日本製糖の社長に就任し、経営再建に成功する。その後、藤山の社長就任5周年の園遊会に出席した渋沢は、「余は藤山君と日糖とを結婚せしめたる媒介者なり」「藤山氏の成功を見て特に喜悦の情特に深く」と、その成功を大いに祝している。慶応大学日吉キャンパスには彼の功績を記念して建てられた藤山記念館と藤山雷太像がある。また、箱根にある旧藤山雷太別荘・神山荘は、現在、国指定有形文化財となっている。戦後、外相を務め日米安全保障条約の改定と取り組んだ藤山愛一郎（1897－1985）は長男。

28

政治と榮一

「明治三十一年六月十八日渋沢栄一手記」という文書が残っている。これは伊藤博文が政党組織の決心をしたとき、榮一がそれに賛意を表明したものである。

「(上略)然《シカ》レドモ自己ノ境遇、自ラ主動ト為《ナ》リ或《アルイ》ハ之《コレ》ガ為ニ身ヲ犠牲ニ供スル事ヲ得ズ。唯之ヲ是認スル以上ハ、内外ニ対シテ之ヲ公言スル事ヲ憚《ハバカ》ラザルノミナラズ、他人ニ向テ之ヲ賛セヨト言フ事ヲ躊躇《チュウチョ》セズ※41」

ところが伊藤は明治三十三年に政友会を組織したとき、榮一に入党を勧告した。しかし榮一が拒絶したので伊藤は腹を立てた。

「キミは覚書きにまで署名しながら、今更党員にならぬとは不親切極まる。我輩を売るようなものだ」

「それは違います。覚書きにも書いた通り、賛成するのと政治家になるのとは別問題です。私は役者として舞台には立たないが、見物人として喝采《かっさい》はしますという意味です」

「では単なる党員になるのはよかろう」

「そうはゆきません。私だって党員になるからには馬の脚はいやです。といって何か役でもつけば現在の境遇と両立しません。これだけはご免こうむります」

「三十年も親交をつづけてきたのに、キミみたいな薄情な男はない」

伊藤はひどく怒ったが、榮一も最後までことわりつづけた。

明治三十三年五月、榮一は男爵を授けられた。その翌年、伊藤博文と山県有朋は井上馨に総理大臣として組閣するよう勧告した。すると井上は、澁澤が大蔵大臣を引きうけるならやっ

山県有朋

西郷従道

てみようと答えた。そこで二、三の人が伊藤、山県、井上の意を体して榮一を口説《くど》きにきた。榮一は断わった。だが彼等は執拗に食いさがった。その結果榮一はこう答えた。

「正直なところ私は政界にはいりたくないのです。井上さんには相済みませんが、初一念の民業振興に終始したいのです。私は第一銀行を始めたとき、これなら心配ないというところまでは、決して銀行をやめない覚悟でした。今でもその積りでいます。したがってもし第一銀行の首脳部が、澁澤はいなくても大丈夫、安心して大蔵省へお出でなさいといったら、大臣を引きうけましょう」

五月二十一日の朝、榮一は椿山荘（山県邸）に山県を訪問し、そこで山県と西郷従道から入閣を勧められた。また日本銀行で山本総裁から、芝山内で伊藤から同じ勧告を受けた。だが榮一はその午後第一銀行で臨時重役会を開くと、佐々木勇之助はじめ全重役が強

澁澤家の人々　明治34年（1901年）　渋沢史料館所蔵

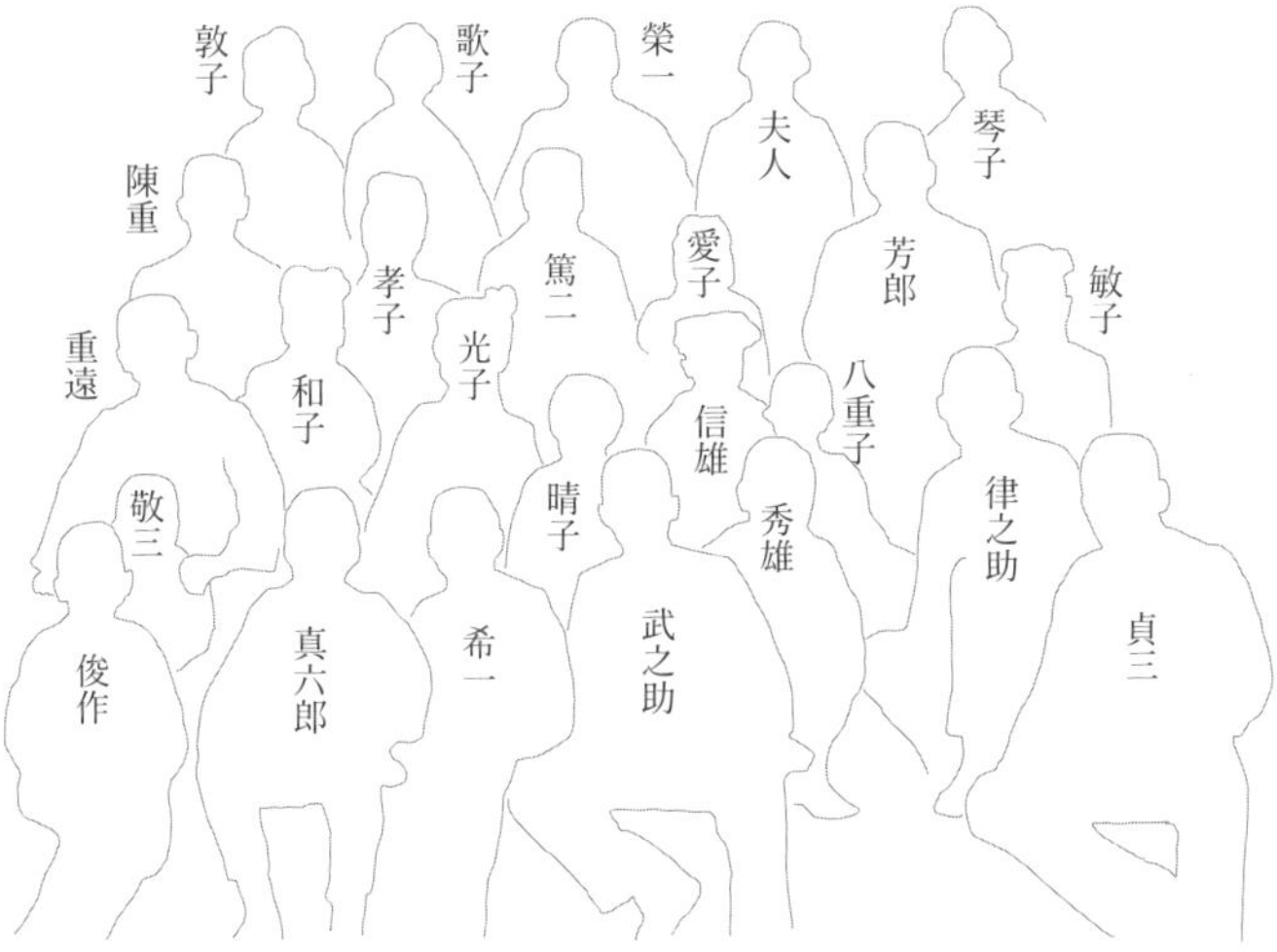

く入閣に反対した。また兜町の家で長男篤二、女婿《せい》穂積、阪谷と相談したが、これもみな反対だった。そこで榮一は翌朝山県と伊藤へ断わりの使者を出し、同時に山県、伊藤、井上の三人に断わりの手紙も送った。

そのため井上内閣は流産して桂内閣が生まれた。すると後日井上は榮一に、もし総理を引きうけて失敗でもしたら末路に傷がつく。キミが断わってくれてよかったよと、一夕流産祝いの宴を設けてくれたそうである。なかなかイキなカミナリオヤジだったと見える。

思い出

それから数年後の一夕、父は飛鳥山の家に伊藤侯を招いた。初夏だったと思う。宴が終わって広間から玄関へ向かう伊藤さんは、千鳥足で大変なご機嫌だった。今しがた芸者が余興に踊りを踊った、座敷より一段高い檜《ひのき》の舞台にフラフラあがると、私の母に「サア奥さん。ダンスしましょう」といいながら両手をさしのべた。「鹿鳴館」時代でも思いだしたのだろう。母は困ったような顔を、つつましやかな笑いにまぎらしていると、侯のお気に入りの新喜楽の女将が、いかにも大年増の江戸っ子らしい歯切れのよさで、ダダッ子をあやすようにこの大政治家をあやして玄関へ送りだした。

玄関は河内山宗俊の出てきそうな構えだった。伊藤さんは片手でダラシなく女将の肩にもたれかかり、片手で玄関の板戸につかまったまま、書生にクツをはかせてもらう。そしてときどきヨロケながら女将に「英雄は由来色を好むだゾ」と怒鳴った。すると女将はオウム返しに「ああ、そうだとも、英雄は由来色を好むだ、とも」とゾンザイな口調で答えてから、サッサと侯を敷台におろし、つづいて玄関前の馬車に乗せてしまった。

車上に納まった伊藤さんにドアがバタンと鎖《とざ》される寸前、玄関のガス灯の届かない反対側のドアがあいて、夜目にも美しい小柄な芸者が一人、影のようにツと忍び入った。そして大政治家と美妓を乗せた馬車は玄関先の小砂利を噛《か》みながら、暗黒の中へ消えていった。

玄関脇の木陰でそれを見ていた私は、明治時代の善良な中学生らしく、実にケシカランと憤慨した。もっともこの憤慨はその後十数年たつうち羨望に変わったようだった。

上述の通り、榮一は終生政治の外に立っていた。しかし後年の彼は青年層に向かって、政治に関心を持つよう呼びかけた。自分が政治に関与しなかったのは民業振興の特別な立場があったからで、諸君がそれを見習っては困る。国民が政治に無関心で、どうして一国が健全に発展しようと力説した。まだ普通選挙（大正十四年）も婦人参政権（昭和二十年十二月）もなかった時代だった。

※41　手記の大意は以下の通り
「そうはいっても、自分の現在の境遇からして、自ら主体となって動いたり、このために自身を犠牲にしたりすることはできない。ただし、政友会結党をよいことと認めた以上は、内外に対して、それを公言することをはばからないばかりでなく、他人に対して『政友会の活動を支援しよう』ということも躊躇しない」

29

海をこえて

明治三十五年（一九〇二）五月に榮一は妻兼子を連れてアメリカとヨーロッパへ出かけた。随行者も数人いた。

榮一（アメリカにて撮影）渋沢史料館所蔵

榮一は初めてアメリカを見て、国土の広さと商、工、農業の進取的な活力におどろいた。多種多様な人種の寄りあつまった国でありながら、例えばモルガンの主宰する工業同盟が全国的に統一されている点にも感服した。日本は一つの民族で国も狭い

セオドア・ルーズヴェルト

くせに、いっこう足なみがそろわないと思ったりした。

榮一は六月十六日にホワイト・ハウスで第二十六代大統領のセオドル・ルーズヴェルトに会見した。数え年で大統領は四十五、榮一は六十三だった。そのとき大統領は日本の美術と陸軍を称賛して、特に北清事変（明治三十三年に清国《しんこく》で義和団の変がおこり、居留外人の生命財産が危険になったため、各国の連合軍が北京へ入城して暴動をしずめた事件）における日本軍の厳正な行動に対しては各国が敬服したと述べた。すると榮一はユーモラスな調子でこう答えた。

「閣下から日本の美術と軍隊をおほめいただいたことは喜びに堪えませんが、実業家の私としては、失礼ながらいささか物足りなく思います。日本の商工業が美術や軍隊より劣っているように受けとれるからです。これから一層努力して、こんどお目にかかる場合は、商工業もほめていただけるようにしましょう」

ルーズヴェルトは笑いながら同感の意を表した。そしてニューヨーク商業会議所会頭あての紹介状にサインしてくれた。当時榮一は東京商業会議所の会頭だった。

それから十三年後の大正四年に、榮一は三度目のアメリカ訪問をしている。そのときルーズヴェルトはニューヨーク郊外のオイスター・ベイの私邸に榮一を招待して、主客八人ほどの午餐《ごさん》会を開いてくれた。席上の話題は主としてカリフォルニアの日本移民問題だったが、あとで榮一が十三年前の昔話をもちだしたところ、ルーズヴェルトもよく覚えていて、笑いながら

「きょうは私も日本の商工業を大いにほめますよ」と愛想よく言ったそうである。

話を明治三十五年にもどす。イギリスへ渡った榮一は、この曽遊の地が諸事古風で、アメリカとは対照的な国柄であることを痛感した。それからベルギーを経てドイツへゆき、旺盛《おうせい》な工業力に驚嘆した。そしていったんロンドンへ引きかえしてからフランスに渡った。

パリは榮一に篤太夫の昔をしのばせる懐かしい都だった。ナポレオン三世時代にはなかったエッフェル塔が、美しい鉄の骨格をパリの空に象眼させていた。榮一は懐旧の情たえがたく、七言絶句の漢詩を二つ作った。そしてイタリアにまわって、ポートサイドからインド洋航路の神奈川丸に乗りこみ、五カ月目に日本へ帰りついた。

結果的に見ると、この旅行は国民外交という新分野へ、榮一の足を踏み入れさせたようなわけだった。

30

伏魔殿

明治三十九年に榮一は大日本製糖株式会社の相談役に推され、同社に新しい社長を推薦してくれと頼まれたので、農商務省の農商局長だった酒匂常明を推挙した。ところが同社の経営は乱脈に流れ、新社長も制御《ぎょ》できない。榮一は相談役として数回注意したが、一、二の役員が汚職事件まで引きおこしたので、同社は世間から「伏魔殿」という不名誉な名をもらった。それらの経緯は複雑で、読みものとしての興味もないから、結末だけを紹介する。

明治四十二年の四月に同社の臨時総会が開かれた。紛糾《ふんきゅう》した席上で、相談役の榮一は新しい取締役の一人に藤山雷太を推し、それを承諾した藤山は新社長として、さしもの伏魔殿を立派な大会社に叩きなおしていったのである。次に藤山愛一郎著「社長ぐらし三十年」の一節を引用しよう。

「当時父は四十七歳の働き盛り、私は十三歳の少年であった。或る晩、寝ているところを〝お父《とう》さまがお呼びです〟といって起こされた。父の居間にいくと、お前そこに坐《すわ》れという。そして（中略）澁澤男爵の推挙で、自分が身を挺《てい》して大日本製糖という会社の整理をやらなければならぬことになった。実は果してうまく整理できるかどうか、自分でも大いに疑いをもっている。また自分の友人たちもこぞって反対している。しかし永年恩顧を蒙った澁澤男爵の御推薦であり、それによって日本の経済界がいかに動揺するかを考えるならば、自分はいま一身の利害を顧る暇もなく、この仕事に従事しなければならない。それであるから、俺《おれ》はきょうその決心をしてきた。そうして会社の総会で社長になった。跡取りのお前に、俺はこのことを話しておかねばならぬと考えた。この会社に身を投じる以上は、藤山一家のすべてが自分の力とすべてのものを提供してやっていかねばならぬ。お前は跡取りとして、あるいは自分がこの仕事に失敗すれば、路頭に迷うようなことがあるかもしれん。それだけの覚悟をもってもらいたい」

また池田成彬著「故人今人」には次のような一節もある。

「藤山もこれという仕事の無くなって居た時に、大日本製糖の整理問題が起こってきて、澁澤に拾われた。澁澤という人はそういう所は偉いね。私はいつもあの人に感心するのは、中上川の命令とは言いながら、〝あなたがいては駄目だから引っ込みなさい〟と使いに立ったのは藤山で、(中略) その藤山を澁澤さんが大日本製糖の整理に引っ張り出したのですから、ちょっと普通人にはできないことですよ」(「煙の町」参照)

藤山を推したことは評判がいいが、酒匂社長は伏魔殿に呑みこまれてしまったので、推薦者の榮一にも非難がきた。そして酒匂が社長を辞職したとき、それに反対していた榮一は「船を座礁《ざしょう》させて、船長がボートで逃げ出す法はない」と酷評をくだした。これは榮一の職務に関する責任感の厳しさを表わした言葉と見ていいだろう。そして自分への非難に対しては、いつもの温厚な彼に似合わず、ムカッパラを立てながら、かなり理路不整然と答えているから面白い。その言葉を新仮名に直して節録しよう。

「世間では、私が世間の信用を濫用して妄《みだ》りに多くの営利事業に顔を出すというて攻撃する者もあるようであるけれども、それは実に酷薄な仕打ちである。何となれば澁澤が経営し、澁澤が相談役になって居るから、仮令《たとえ》、不正な事があっても澁澤がどうかして呉《く》れるだろうと依頼心を持つのは其人《そのひと》の心得違いである。其心得違いを責めずに唯澁澤が関係して居るのが悪いというて攻撃するのは、実に残忍な仕打ちと云わなければならぬ。私は（中略）相談役になれと云えば承諾する。社長を推薦せよと云えば推薦もする。然しながら相談役位のものに、そんな些細《ささい》な点まで分ると思うのが篦棒《べらぼう》だ。自分の都合の好い時ばかり引っ張り出して置いて、間違いが起こると、澁澤それ見ろというて詰問する。大きなお世話だ、馬鹿を云うなと云い度くなる。或《あるい》は私がやったればこそ未《ま》だ其害が少ないのかも知れない。（中略）

又《また》、世間に日糖事件に対する責を引いて実業界を退《ひ》けという勧告をするものもあるけれども、私は此の際断じて隠退しない。（中略）不肖と雖《いえど》も、自分の責任を自覚して居る。私は決して徒《いたず》らに隠退するもので無い」

明治四十二年七月十日、東京地方裁判所の第一審判決は日糖重役二人と二十三人の国会議員に有罪の宣告をくだした。製糖事業が左前になったので、砂糖の官営運動など画策した重役が贈賄したためである。するとその翌日、前年社長を辞任していた酒匂常明が自分の不明や無能の申しわけに、幼児たちへ悲痛な遺書を残して、自宅でピストル自殺をとげた。彼は大会社の社長たる器ではなかったが、正直で善良で清潔な人ではあった。遺書は幼児の前途に祈りを捧げている。世間の同情は彼にあつまった。

そのとき榮一は新聞記者にこう語っている。

「酒匂氏の死に対して哀悼の念を禁じ得ないが、その行為は賛成しかねる。申しわけがないからといって自殺するのは責任の回避で、申しわけを立てるゆえんではない」

思い出

これはこの事件のとき聞いた話ではないが、父は中国古典の寓《ぐう》話を話してくれたことがある。甲の家のカマドが破損していて危険なので、隣人乙が注意したら、甲は大きなお世話だといって怒り、一向カマドを修理しなかったため、ついに火事を出して家を焼いた。

そのとき友人丙が駈けつけて消火や家財持ちだしに助力してくれたので、甲はその親切を深く感謝した。しかし甲が最も感謝しなければならないのは、火災を未然に注意してくれた乙であるべきなのに、世間の人情は得てこうしたものだという話だ。父は不適任な社長を推挙した責任上、カマドにも注意し、消火や家財持ちだしにも協力し、家の再建にも力を貸したわけである。

七十歳になっていた榮一はその年六月に、多数の関係事業から身を引いた。五年前からその機会を待っていたので、「徒《いたず》らに隠退するもので」はなかったのだろう。辞任した会社は東京瓦斯、東京石川島造船所（後の石川島重工業）、東京人造肥料（後の日産化学）、帝国ホテル、東京製綱、東京帽子、日本煉瓦製造、磐城炭鉱、三重紡績（後の東洋紡績）、日韓瓦斯（以上十社の取締役会長）。大日本麦酒（後の日本麦酒と朝日麦酒）、日本郵船、東京海上火災保険、高等演芸場、日清汽船、東明火災保険（以上六社の取締役）。日本興

榮一　七十歳　　渋沢史料館所蔵

業銀行、十勝開墾、浅野セメント（後の日本セメント）、沖商会、汽車製造（以上五社の監査役）。北越鉄道、大阪紡績（後の東洋紡績）、浦賀船渠、京都織物、広島水力電気、函館船渠、日本醋酸製造、小樽木材、中央製紙、東亜製粉、日英銀行、万歳生命保険（後の日本団体生命保険）、名古屋瓦斯、営口水道電気、明治製糖、京都電気、東海倉庫、東京毛織、大日本塩業、日清生命保険（後の日産生命保険）、品川白煉瓦、韓国倉庫、日本皮革、木曽興業、帝国ヘット、二十銀行、大日本遠洋漁業、帝国商業銀行、七十七銀行（以上二十九社の相談役）。日本醤油、石狩石炭、東洋硝子（以上三社の顧問[※42]）。ほかに解散清算中と設立準備中の六会社の役員を合せて総計五十九社。

　また実業畑以外で役員を辞した数は高千穂学校、大倉商業学校、専修学校、大日本海事協会、愛国婦人会など十三団体だった。しかしどうしても辞任させてもらえなかった実業関係は、第一銀行、東京貯蓄銀行、帝国劇場、東京銀行集会所、銀行倶楽部などの七つ。公共関係では東京市養育院、東京慈恵会、東京高等商業学校（後の一橋大学）、日本女子教育奨励会、日本女子大学、早稲田大学、孔子祭典会などの十七団体だった。そして榮一は七十七歳のとき、実業界からは完全に隠退した。

榮一七十歳のとき辞任できなかった会社の一つに帝国劇場がある。彼の事業中でも異色のものだから略記しよう。

明治三十八年（一九〇五）ごろから伊藤博文、西園寺公望、福沢捨次郎、澁澤榮一ら数名が欧米風劇場新設の件を協議した結果、翌年には資本金百二十万円の帝国劇場株式会社が企画され、後に榮一が創立委員長に推された。次に初代帝劇専務西野恵之助の談話を節録する。昭和二年に発表された思い出ばなしである。

「創立の動機はですネ、サー私の聞いている限りでは明治三十八年コンノート殿下[※43]来朝の時、わが朝野の人々が歓迎会を催して歌舞伎座へ招待しました。その時（中略）三万円か五万円の費を投じて、電気装置や舞台装置を施したのです。（中略）そして国賓を迎えたわけだが、途中で電気が二、三度消えたりして誠に具合が悪かったんです。これに感じて、外賓を迎えて、はずかしからぬ劇場を建てたいということになったのです。これは国際的な体裁上の必要から生じた動機ですが、対内的動機がもう一つありました。

わが国の劇は（中略）観劇の方法として種々弊害がありました。例えば（中略）芝居見物者は茶屋の手を通して観劇しなければならない。それも申込順によるのではなく、いわゆる茶代の多い少ないの順ですから、金が相当かかる。のみならず種々なものを買わされたりして、簡単に観劇できない習慣があったのです。で、この習慣をのぞかねばならぬ。（中略）

この二つの原因で新たに劇場を設立することになったのです。しかし芝居小屋を立てるのに対して、地位ある人は容易に金を出そうとしません。（中略）演劇会社なんかおこしたって収益はありゃしない――など今（昭和二年）から見るとおかしなことです。

当時（明治末期）伊藤さんが総理大臣をしておられた。そして伊藤さんから子爵（榮一）に新劇場設立に尽力を頼むといわれたのだが、これは伊藤さんから命令的に子爵が創立委員長を頼まれたようなものです。（中略）つまり伊藤さんが言いだして、子爵が運動の衝に当たられたのですが、西園寺さん、当時の外務大臣林（董）さんも賛成して、一般の輿論を得た次第です」

明治四十一年九月十五日には帝国女優養成所の開所式があった。榮一は旧幕時代に素町人とさげすまれていた実業家の向上に努力した発頭人だけに、女子と小人は養いがたしと片づけられてきた婦人が、これも河原者《かわらもの》といやしめられていた俳優を志したことに同情し、心から激励の言葉を贈ったのである。

まもなく帝劇は森律子[※44]、河村菊枝、初瀬浪子、村田嘉久子などの女優を輩出したが、代議士森肇を父とする良家の子女が女優風情になりさがるとは何事だという人さえいた時代なのである。

雑誌「青淵」の昭和四十年四月号から次の一節を引用する。

「そのころ世間で、芝居の興行などというものがいかに見られていたか、それはお話にならないほど卑しまれていた。千両役者と雖も真面目な人々からは、所謂河原乞食の類と目されていた。そういう時代に、実業家中の実業家であった澁澤榮一氏が、帝劇の創立に参画したのであるから、世間はビックリしたものである」(徳川夢声「森律子の弟」)

ちなみに森律子の弟は一高に入学してから、人生に対する懐疑思想のために自殺したが、その原因の一つは「女優の弟」とからかわれ通してきた事実もあったらしい。ちょうど私が一高生のとき、記念祭を見物にきた森律子が校門を辞したあとで、心ない一高生の一人が「女優の汚れをきよめる」と称して、塩を撒《ま》いたという話を聞いた記憶がある。律子の弟は私より少し年下だったように覚えている。明治末期の日本はまだそれほどに封建時代のヌケガラを引きずっていたのである。

話を帝劇に戻す。六代目尾上梅幸、七代目松本幸四郎、七代目沢村宗十郎、初代沢村宗之助、四代目尾上松助らの幹部も背水の陣で新時代の劇場にはせさんじた。

明治四十四年三月一日、豪華ケンランたるルネッサンス様式の大劇場が開場式をおこなった。当時西園寺公望の寄せた祝辞の冒頭は時代の風潮を反映している。

「人心ヲ和楽セシメ風俗ヲ醇《ジュン》化スル所以ノモノ一ナラズト雖、芸術其多キニ居リ、芸術ノ中演劇ハ其示ス所、耳ニ濡《ウル》イ目ニ染ミ、深ク民心ニ浹洽《シヨウコウ》(あまねくゆきわたる)スルヲ以テ、其効最直接ナリトス。然ルニ従来我士君子多ク演劇ヲ以テ児女ノ業トナシ、之ヲ省ミザルヲ偉ナリトスルモノナキニアラズ」※45

開業してみると、帝劇は予想外に成功した。旧式な芝居と違い、安くて簡便な切符制度、観劇の邪魔にならない食堂での食事、チップの廃止、番組の無料提供、観劇時間の短縮、衛生設備の完備など、すべて時代の先がけだった。

「きょうは帝劇、あすは三越」

番組に印刷された三越のこのCMは大評判になった。大正時代にはこんな消費ムードもあっ

完成せる帝国劇場　渋沢史料館所蔵

西園寺公望

たのである。

歌舞伎の女形を女優に演じさせた試みは失敗に終わったが、女優の現代劇は成功し、ことに益田太郎冠者の喜劇は帝劇の名物になった。そういえば大正中期ごろは「十日えびす」の節でこんな俗謡がよく歌われた。

〽当時東京ではやりのものは
帝国座女優劇国技館
ゴム輪の人力車に活動写真
マント着た女学生に芝居の案内者
ベールをかぶった芸者を乗せて自動車ブッブッーブ

国賓またはそれに準じる外客は、みな帝劇のボックスに姿を現わした。この意味で帝劇は第二次鹿鳴館だったかもしれない。しかも国内的には歌舞伎、現代劇、新劇などを絶えず多彩に上演し、後年山本久三郎の専務時代には世界最高級の音楽家、舞踊家などを招いて、日本文化に芸術的な心の糧《かて》と刺激を与えた。そして戦後、秦豊吉の日本ミュージカルの創始を最後にシネラマ劇場となり、昭和三十九年に取りこわされて、いま新しく生れかわろうとしている。

※42　列挙されている会社の現在の社名は以下の通り、ただし、他企業との合併等により現社名となっているものも含む。また、一部業務の移管などは省略している。
東京瓦斯（→東京瓦斯）、東京石川島造船所（→ＩＨＩ）、東京人造肥料（→日産化学工業）、帝国ホテル（→帝国ホテル）、東京製綱（→東京製綱、日本曹達）東京帽子（→オーベクス）、日本煉瓦製造（→【廃業】）、磐城炭鉱（→常磐興産）、三重紡績（→東洋紡績）、日韓瓦斯（→【接収】）、大日本麦酒（→アサヒビール、サッポロビール）、日本郵船（→日本郵船）、東京海上火災保険（→東京海上日動火災保険）、高等演芸場（→【焼失】）日清汽船（→【閉鎖】）、東明火災保険（→日新火災海上保険）、日本興業銀行（→みずほ銀行）、十勝開墾（→【解散】）、浅野セメント（→太平洋セメント）、沖商会（→沖電気工業）、汽車製造（→川崎重工業）、北越鉄道（→東日本旅客鉄道）、大阪紡績（→東洋紡績）、浦賀船渠（→住友重機械工業）、京都織物（→【解散】）、広島水力電気（→中国電力）、函館船渠（→函館どつく）、日本醋酸製造（→電気化学工業）、小樽木材（→【不明】）、中央製紙（→王子製紙）、東亜製粉（→日本製粉）、日英銀行（→【撤退】）、万歳生命保険（→マニュライフ生命保険）名古屋瓦斯（→東邦瓦斯、西部瓦斯）、宮口水道電気（→【閉鎖】）、明治製糖（→大日本明治製糖）、京都電気［京阪電気鉄道の誤り］（→京阪電気鉄道）、東海倉庫（→東陽倉庫）、東京毛織（→東洋紡績、ＫＢセーレン）、大日本塩業（→日塩）、日清生命保険（→Ｔ＆Ｄ

フィナンシャル生命保険）、品川白煉瓦（→品川リフラクトリーズ）、韓国倉庫（→【接収】）、日本皮革（→ニッピ）、木曽興業（→王子製紙）、帝国ヘット（→【不明】）、二十銀行（→みずほ銀行）、大日本遠洋漁業（→【不明】）、帝国商業銀行（→みずほ銀行）、七十七銀行（→七十七銀行）、日本醤油（→キッコーマン）、石狩石炭（→北海道炭礦汽船）、東洋硝子（→【解散】）

※43 コンノート殿下（1850－1942）アーサー・コノート。ヴィクトリア女王の三男で、陸軍元帥、カナダ総督などを歴任。日本には4度も来日しており、各地で「上村松園の絵を買い求めた」「彫り物師に入れ墨を掘らせた」などの話題をふりまいた。
本文には「明治38年」とあるが、実際に渋沢らがコンノート殿下を歌舞伎座に案内したのは「明治39年（1906年）」の出来事。また、1918年に来日した際も、渋沢らが出迎えている。

※44 森律子（1890－1961）跡見女学校卒。帝劇女優第一期生。喜劇「ドッチャダンネ」「清姫」「お染」などで人気を得る。彼女をしばしば起用した戯作者・（益田）太郎冠者（本名、益田太郎）は、渋沢と懇意の実業家、益田孝の子。また、昭和の映画、舞台女優・森赫子《かくこ》は、律子の姪で、養女でもある。

※45 西園寺公望の祝辞の大意は以下の通り。なお、この言葉が刻まれた銘板は今も帝国劇場に飾られている。
「人の心を和やかに楽しませ、世の風俗から不純なものを取り除く手段は一つではないし、芸術というのは数も多い。とはいえ、その中でもとりわけ演劇は、耳を潤わせ、目に染み込み、深く民衆の心のすみずみにまで行きわたせることで、最も直接的に効果を発揮するものである。しかるに、従来は、道理をわきまえた人であっても、多く演劇のことを女性や子どものすることと決めつけ、これを省みることをしないのをよしとするという風潮がないわけではなかった。」

31

続　海をこえて

日本人は勤勉で低賃金で農耕がうまい。アメリカ農民には目の上のコブだ。そのコブが日露戦争後は急に威張りだしたのである。だからカリフォルニアで日本移民の排斥運動がおこり、労働条件は改悪され、学童までが差別待遇を受けた。そこで外務大臣小村寿太郎は明治四十一年にアメリカと「紳士条約」を結んで応急対策としたが、前途の見通しは暗い。小村はあるとき榮一にこういった。

「アメリカは世論の国です。政府の外交交渉だけでは効果はありません。国民外交が必要です。商業会議所あ

小村寿太郎

たりで骨を折って下さい」

そのころ日本各地の商業会議所が、アメリカ太平洋沿岸にある八つの商業会議所の代表者五十数人を日本へ招待する計画があった。すでに榮一は東京商業会議所の会頭を辞していたが、二代目の会頭中野武営から相談を受けて、その歓迎準備に尽力した結果、首尾よく成果をあげた。するとその答礼に、アメリカ五十三都市の商業会議所が合同して、日本各地の商業会議所の代表者を招待することになった。そこで「渡米実業団」が結成された。一行五十三名で榮一は団長に選ばれた。ゆくさきがレディー・ファーストの国なので、一行中にも夫人数名が

東京商業会議所　渋沢史料館所蔵

加わった。団長の榮一も兼子を伴った。そして兼子の姪《めい》高梨孝子もアメリカの大学へ留学するために随行した。

明治四十二年（一九〇九）八月十七日に実業団一行は天皇から芝離宮で午餐の下賜を受けた。政府がこの国民外交をいかに重く見たかがうなずける。

一行は九月一日にシアトル着、同五日から汽車でアメリカ国内巡歴の途につく。旅程は満三カ月。その間全員に汽車の寝台つきコンパートメントが宿舎として提供された。つまり「輪上のホテル」が五十三人の団体をアメリカ五十余都市へ運んでくれたのである。

汽車が次の町へ着く。車中の朝食がすむと、駅に出迎えている三、四十台の自動車に分乗してすぐ出発だ。まず市役所へゆき、いろいろな場所を見学する。学校、公園、百貨店、製造工場、電気会社、ガス会社、時には銅の精練所や鉄山の坑道、それに農場、カントリー・クラブ、上下水道設備、火災予防施設などの見学また見学で、昼食は大概午後三時ごろになってしまう。それから輪上ホテルへ戻り、燕尾服に勲章などつけて晩餐会や観劇会へ……帰りは午前一時ごろになる。そして走りだした車輪の響きが子守唄を歌ったかと思うと、もう翌日の新しい都市だ。それが毎日判で押したようにつづく。

スピーチずきのアメリカ人はどこの会合でも盛んに歓迎の辞をあびせる。そのつど団長の榮一も当意即妙な答辞を述べる。そして一行は九月十七日にミネアポリス市で第二十七代大統領タフトのレセプション（接見）と午餐会《ごさん》によばれた。

榮一はアメリカ人が進取的、合理的、実際的で、しかも学問を尊重する点に感服した。慶応三年にパリで感じた文明開化とは別種の近代文化が彼の眼前に躍動していた。この旅行で彼の作った「舟車二万一千里」という詩の転句に「到処只聞《いたるところただ》く邦土《ほうど》の富」とあるのは、日本実業界の先達《せんだつ》として肝に感じた羨ましさだったろう。そのむかしパリから尾高新五郎へ「何もかもただ嘆息することばかり」と書き送った榮一が、今度は広大無辺なアメリカの国富に嘆息したに違いない。

十月二十六日の朝、榮一はウースター駅で伊藤博文暗殺さるの兇報におどろいた。

大正三年（一九一四）五月に榮一は支那大陸へ旅行した。この計画が発表されると、中国で発行されている英字新聞や本国のロンドン・タイムスが、澁澤の旅行は利権獲得だと書き立てた。しかし榮一の心境はおよそそれとは縁遠かった。当時よく紛争をおこした中国人と日本人の間に、できれば経済上の共存共栄を通じて、隣人愛のカスガイを打ちたいという希望。また、幼時から書物でばかり親しんできた中国の風物を実際に見物し、私淑している孔子の廟にも参拝したいという一念が、七十五歳の老躯を支那大陸へ運ばせたのである。随行には馬越恭平以下数人のほかに、榮一の次男澁澤武之助や三女愛子の夫明石照男もいた。

榮一の帰朝談にはこんな一節がある。

「天津に着いてから、たまたま発熱があって、少しく疲労を覚え、私自身はさまでに思わなかったけれども、馬越君及び一行中の人々が大層心配され、殊《こと》に其際《そのさい》、山座《やまざ》、水野の両氏逝去《せいきょ》の報があって、風声鶴唳《かくれい》と云うような有様で、一行から大層な病人扱いにされた」

当時、日中両国間には外交上の難問題が山積していた。山座円次郎は北京駐剳《ちゅうさつ》の特命全権公使で、水野幸吉は公使館参事官。ところが水野が病死して四日後に山座公使も急死した。場合が場合だけに、毒殺の噂も伝わった。当然、榮一の随行者も彼の病気におびえたのである。そのため曲阜《きよくふ》の孔子廟にゆけなかったのは、榮一終生の恨事だった。

文明批評家の三宅雪嶺は榮一をこう評しているくらいである。

「澁澤子はながらく論語を読み、文字を愛誦し、意義を消化した。実に論語を体験せば、子の如きものになるであろう。孔子が知ったら、よく教を守り、これを生かしたと賞《ほ》めたろう」

大正四年(一九一五)に榮一は三度目のアメリカ訪問をした。主目的はサンフランシスコのパナマ運河開通記念大博覧会への出席だった。随行者の中に二男武之助、三男正雄もいた。

榮一は青年時代に「弱肉強食」という文字を知った。またパリでは「最も強い者の申し分は常に最高である」という諺《ことわざ》を習った。イギリスには「力は権利」なりという言葉のあることも聞いた。また日本でも「勝てば官軍」とよくいう。そして現にヨーロッパでは戦争がはじまっている。いつまでたっても、倫理を度外視した「強いものの勝ち」が世界を支配している。老境に達した榮一の心に、これほど悲しく映《うつ》る人間像はなかった。

榮一の読んだアメリカ人の書物でも、S・H・チツヤの「米国民の欧州戦争観」や、エール大学教授ラッド博士の「倫理上の中立問題」などは「強いもの勝ち」の思想を否定して、正義人道を力説している。東洋流の倫理に生きる榮一と全然同意見だ。強大な国力をもつアメリカに、こういう思想の人々も少なくない。榮一は微力な我が身を「蒼海《そうかい》の一《いち》粟《ぞく》」と感じながらも、アメリカの有力者に欧州戦争の鎮圧を呼びかけずにはいられなかったのである。彼は世界平和の「青い鳥」をアメリカまで追いかけてゆく七十六歳のチルチルだった。

ところでカリフォルニアの日本移民問題は、榮一の一生を賭けた努力にもかかわらず、不公平な移民法が彼の生前には改訂されずじまいだった。そして欧州戦争も一九一七年四月にはアメリカの参戦で、あの悲惨な第一次世界大戦へ発展した。世界平和の悲願は賽《さい》の河原《かわら》に石を積む小児のように哀れだった。

アメリカ大陸のわびしい駅にも、未知の在留邦人が数名、榮一の通過時刻を調べて、十一月の夜寒にわざわざ旅情を慰めにきてくれたりした。幼児の手を引いた実直そうな中年夫婦などもいて、子供の手からは美しい菊の花が、大人の手からは見事な林檎《りんご》が榮一に渡される。老いを忘れて日米親善に尽くす七十六翁へ、ひとこと礼がいいたいという人たちの熱意は、榮一の目がしらを熱くした。

ピッツバーグでは缶詰工場主のハインツ、フィラデルフィアでは百貨店主のワナメーカーに会い、後年東京で開かれる日曜学校世界大会の打ち合わせをして心の友になった。

ワシントンでは第二十八代大統領ウィルソンに会見した。大統領は榮一が日米親善のためにたびたび渡米したことを謝して、「旅人の足跡は国境を踏みならす」という諺を引いたのに対し、榮一は自分の足跡で国境を踏み消したく思いますと答えた。そして彼は翌五年一月四日に日本へ帰った。

さて大正十年（一九二一）十一月にはアメリカ第二十九代大統領のハーディングがワシントンで国際的な軍縮会議を開催した。参加国は海軍力競争にうき身をやつすアメリカ、イギリス、日本をはじめ、極東および太平洋に利害関係を持つフランス、イタリア、中国、ベルギー、オランダ、ポルトガルの諸国だった。まだ飛行機は幼稚な時代で、軍縮の対象は主として軍艦だったのである。

その年の十一月十七日に、世界最大の軍艦「加賀」が神戸の川崎造船所で進水した。それを示威運動の材料とした軍部と右翼団体は、十二月に東京の芝公園で軍縮反対の国民大会を開かせるに至った。ワシントン会議は日本の国防を危くする一方、労働者の失業問題を引きおこすというのがその宣言だった。

そのとき日本政府はワシントンに主席全権加藤友三郎、全権徳川家達《いえさと》、幣原《しではら》喜重郎らを派遣して、アメリカ海軍の「十」に対して日本海軍の「七」を比率の限度とするよう指令していた。だが軍部や右翼はそれがまっこうから不満だったのである。

平和論者の榮一は軍縮会議が決裂しては日本のためにならないと思った。それが心配でじっとしていられなかった八十二翁は、誰に頼まれもしないのに勝手にアメリカへ出かけ、懇意なアメリカの有力者と会談しては、陰ながら軍縮会議の成功をはかったのである。そして会議はまとまった。

思い出

大正十三年九月に私はある関係で、数名の友人と連合艦隊司令長官加藤寛治大将から旗艦陸奥で昼食の招待を受けた。同大将はワシントン会議へ出た人である。そして私が初対面の挨拶《あいさつ》をしたら、大将は笑いながら「ワシントン会議のときはキミのオヤジさんがアメリカ人といろいろ工作するので邪魔で仕方がなかったよ」といった。

この旅行で榮一はアメリカの心の友との間に興味深いエピソードをかずかず残しているが割愛する。そして次の話でこの項を終ろう。

一月九日にサンフランシスコで友人のアレキサンダーが盛大な送別の宴を開いてくれた。その席上で答辞を述べた榮一は、日米親善に対して次のような情熱を吐露し、最後にこう結んだ。

「……必要があれば、私は重ねてこの国にまいります。ただしご覧の通りの老人ですから、そのときは棺桶を用意してまいりましょう」

翌朝のサンフランシスコ・クロニクルは大きく紙面をさいて、榮一の答辞の全文をかかげた。すると榮一と同じフェヤモント・ホテルに泊っている未知のアメリカ婦人が、榮一の秘書にこう申し出た。

「けさのクロニクルを読んで、私は感激の涙にむせびました。女性の身でも、これからは子爵のご指導に従って、日米親善に尽さなければならないと決心しました。ついてはその記念として、私の秘蔵しておりますこの鍵を、子爵にさしあげたいと存じます。鍵そのものは粗末ですが、私にとっては特殊の意義ある品をさしあげる次第でございます。その心の籠《こも》った点をお汲みとりの上、お受けください」

32

断片二題

第一次世界大戦のあとは日本の労働運動も活発になり、労資の対立は激化の一途をたどった。かねて「友愛会」の会長鈴木文治とも親しかった榮一は、有志の賛同を得て「協調会」を結成した。

大正八年八月十六日、協調会は帝国ホテルに発起人会を開いた。首唱者は貴族院議長徳川家達、衆議院議長大岡育造、枢密院議長清浦奎吾と榮一の四名。来会者は原首相、床次、山本、野田各相。貴衆両院各派代表者、そして実業界、官界、学界、宗教界などの有力者二百余名という盛会だった。席上榮一はこんな挨拶を述べている。

「労資の対立は日本旧来の温情主義のみをもって解決することはできません。ここにおいて本会は資本・労働の中間に立ちて、各種の施設と種々の尽力をなし、将来資本家の我《わが》儘《まま》によって、もしくは労働者の無自覚のため生ずることあるべき両者の衝突を、最も公平に判断し調停せんとするものであります。

本会の発起人中に労働者の代表者が加わって居ないのを理由として、本会の趣旨を危《あやぶ》む向《むき》がないでもありませんが、申すまでもなく本会は資本家のための機関ではありません。資本家の我儘に対しては十分監視する考えであります。……」

財団法人協調会は大正八年十二月に発足した。前掲の主唱者中徳川が会長で、あとの三人は副会長、常務理事に桑田熊蔵、松岡均平、谷口留五郎という顔ぶれだった。そして発起人に労働代表を加えなかった一事は、当時の労働者の地位が低かったことを示している。しかも多数の資本家はこの会を「余計なお節介」と目し、労働者側は「おためごかしの飾りもの」視した。その上協会内の人事にも変動が多くて、発足の花々しさに似合わず竜頭蛇尾におわった。逆に友愛会のほうは次第に成長し、大正十年の十周年大会では「総同盟」と改称して前進をつづけた。

しかし榮一の労働運動に対する関心は変わらなかった。大正末に長野県岡谷の某工場で女工のストライキがあった際も、彼はカンパ資金二百円ほど送っている（市川房枝「青淵翁の思い出」）。こんな例は他にもあったろう。榮一は資本家である前に、まず人間だった。

大正十二年九月一日の昼に大地震が突発した。そのとき榮一は兜町の事務所にいたが、くずれ落ちる壁で真っ白になりながら、やっと外へのがれた。そしてその家は焼けた。

東京や横浜の受けた被害は大きかった。そして鮮人や社会主義者が暴動をおこすというデマが飛んだ。山本権兵衛内閣には臨時震災救護会事務局ができ、また官民合同の大震災善後会や帝都復興審議会も設立された。榮一は前者の副会長、後者の委員になった。

思い出

地震から三日目ごろ、父は飛鳥山の家で玄関前に椅子《いす》を出させ、家の者にあれこれ指図していた。食料も不足だったし、罹災者の中には自暴自棄の結果、大きな家へ押し入って物や金を強奪するヤカラもあるという噂が立った。そこで兄の武之助と私は東京が安定するまで、父に埼玉県の郷里に帰るようすすめた。そして父に怒られた。

「馬鹿なことを！　ワシのような老人はこんな際にいささかでも働いてこそ、生きている申しわけが立つというものだ。それしきのことを恐れて、八十五年も生きてこられたと思うのか？　あまりと申せば意気地のない。そんなことでは物の役に立ちはせんぞ！」

それから三日たつと、父はもう市内を飛びまわっていた。

33 家庭メモ

ⓐ 長屋の子

飛鳥山の邸内には裏のほうに長屋があって、五家族ほど住んでいた。むろん無償で住まわせていたのだろう。まだ封建制の名ごりが残っている時代だったので、長屋の人たちは新華族の父を「殿様」と称し、父の家を「御殿《ごてん》」とか「お屋敷」とか呼んでいた。

長屋の一軒には中村という出入りの植木職が住んでいて、その長男栄太郎は私と同年の小学生だった。そして彼はよく私の遊び相手をさせられていた。

ある日私たち兄弟は親類の家に招かれたが、兄の正雄だけは病気の治りぎわで家に残った。そして兄は退屈しのぎに栄太郎を呼んで、電話の玩具《おもちゃ》を作る手伝いをさせた。ボール

飛鳥山邸　3　本屋　　渋沢史料館所蔵

紙の長い円筒の底にガンピ紙を張り、そこに糸を通して聞くあの電話である。

栄太郎はボール紙の長い筒を畳の上に置いて両手でおさえる。兄は大根を切るように、ナイフでそれを輪切りにしようと試みた。と、切り口にひっかかったナイフに力があまって、キッサキが栄太郎の片目を下から突いた。兄も家の者も驚いて彼を医者へ連れていった。

その夜帰宅してこの話を聞いた父は、最初私が怪我《けが》をしたものと思ったらしい。そこへ女中がきて「秀様でなくて、栄太郎でよろしゅうございました」といった。とたんに父は開きなおって、栄太郎の容態を問いただした上、治療の指示を与えたという。私の怪我なら父は黙っていても母が最善を尽くす。父は長屋の子だという理由で、もし手当てが粗略になっては申しわけないと思ったのだろう。

しかし栄太郎は後日一眼を失った。兄の正雄は長らく彼のために職を世話したり何かしていた。そして最近風のたよりで、栄太郎がかなり前に世を去ったことを知った。

ⓑ 大石良雄

たしか私が旧制中学の五年時分だったと思う。ある朝私は父の伴をして庭を散歩しながら、もし父が大石良雄だったら、吉良にワイロを贈ったろうか、贈らなかったろうかと質問した。

「さあ。……むずかしい問題だね」

父はこういったきり黙ってしまった。私はそれが質問のよさを証拠立てたように思い、中学生らしくいささか得意だった。

「ワシが大石良雄だったら、恐らく相当の礼物《れいもつ》を贈ったろうね」

やがて父はこう結論をくだして、論語の辞句をスラスラと暗誦した。

「葉公《ショウコウ》孔子ニ語《ツ》ゲテ曰《イワ》ク、吾党《ワガトウ》ニ躬《ミ》ヲ直クスルモノアリ。其父羊ヲ攘《ヌス》メリ。而シテ子之ヲ証スト。孔子曰ク、吾党ノ直キ者ハ是《コレ》ニ異ナリ。父ハ子ノ為《タ》メニ隠シ、子ハ父ノ為メニ隠ス。直キコト其中《ソノウチ》ニアリ」

つまり直きことも人情に適《かな》った直きことでなくてはならない。元禄時代に贈賄は必ずしも法律上の罪ではなかった。そして吉良の貪《どん》欲は定評があったらしい。もし適当に贈賄しなければ浅野家に禍がふりかかりそうな予想はついたはずだ。もとより贈賄など武士のいさぎよしとしない所だが、時と場合による。それで一国一城の危急が救えるなら、贈るのが人情だろう。……これが父の解釈だった。

昭和十年の年末、私は大阪毎日と東京日日にこの話を書いた。すると義兄の阪谷芳郎へ知人から手紙がきて、澁澤青淵先生が贈賄を是認されたとは嘆かわしいと言ってきたそうだ。父がもし大石良雄だったら吉良にワイロを贈ったろうという話を、父が現代の贈賄を是認したように取り違えたのである。

そのころ私はある中学の先生をたずねた。すると初対面の奥さんが私の名前を聞くなり、いとも無邪気に笑いながらこういった。

「あなたは新聞にいいことを書いてくださいました。うちの主人ときたら、頑固で融通がきかなくて仕方ないんですのよ」

私は全く返答に窮した。後日兄の正雄にこの話をしたら、

「キミもとうとう教育家の妻を毒したね」といって笑った。私は世間の人が物事を自分に都合よく解釈してしまうことに驚いた。

Ⓒ 駅長にこごと

これも私の中学時分の話だったと思う。ある日父は郷里の血洗島村へいった帰りに、深谷駅から王子駅まで汽車の一等のキップを買った。当時はローカル線にもよく一等車がついていたのである（等級が一、二、三等時代）。しかし、父の乗った列車には一等車がなか

ったので、二等車に乗った父は王子駅で汽車をおりると、駅長に一、二等の差額払い戻しを請求した。すると駅長は今の列車に一等車が連結してなかったという証明を、上野駅からもらった上でないと支払えない規則だと答えた。

「いまの列車に一等車がなかったことは駅長さんもお役目がら、たった今ご覧になったでしょう？　そして私はこの通り一等のキップを持っています。これほど確かな証拠はないではありませんか？　どんな規則があるか知りませんが、なぜ上野駅の証明を取る必要があるのでしょう？」

駅長はしぶしぶ差額を払いもどした。

「まことにお手数恐縮でした。しかし筋の通った乗客の言いぶんは、どこのだれがいおうと、ムダな手数をかけずに聞きとどけてあげてください。お願いしますよ」

現在の役所や会社の窓口などにも、まだ「王子の駅長」の子孫がいたりする。

ⓓ 同族会

「余《ヨ》ハ余ガ子孫ノ協和ト其家業ノ鞏固《キョウコ》トヲ永遠ニ保維センコトヲ冀図《キト》シ、茲《ココ》ニ家法八十七箇《カ》条ヲ定メ明治二十四年七月一日ヨリ之ヲ実施ス、現在及将来ノ余カ子孫タル者ハ謹テ之ヲ遵守《ジュンシュ》シ敢《アエ》テ違《タガ》フコトアルコト勿レ

明治二十四年五月十七日

澁澤榮一」

こんなものものしい前書つきの「家法」という法律的条項と、ほかに「家訓」と称する倫理的規定を、父は丹念に七冊も楷《かい》書で書き、宗家と支家六軒へ分配していた。私の生まれる一年前に出来た規則である。いわばホーム・メードの憲法と教育勅語で、毎年正月の同族会には父がそれを朗読した。

一体父には茫洋《ぼうよう》としたスケールの大きさがあり、論語好きだが道学者的ではなかった。その人がどうしてこんなウルサイ「家法」など作ったのだろう？　なぜこうまで家系を永

続させたがるのだろう？　そのため個人がデクになるのは人間本来の生き方ではない。父の徳化が無作為のまま、どこまで子孫に波及するか？　それでたくさんだ。……私は漠然とこんな反撥を感じたが、それを父にいい出す勇気もなく、そのまま七光に浴しつづけた。

長兄篤二は私より二十歳の年長だが、父の二代目として世間の評判もよかった。常識家で社交的な一面、義太夫が上手で素人離れしていた。万事にゆきとどいた上に、ユーモラスでイキな人だった。その兄が新橋の芸妓Tと深い仲になって家に帰らないばかりか、穂積、阪谷[※46]の義兄や姉たちの忠告を無視し、父の言葉にもそむき、正妻を出してTを家に引き入れるといいだしたのだそうである。

「大人《たいじん》（穂積、阪谷の義兄や姉は父をこう呼んでいたので、それが私たちにも伝染した。妙な家庭だった）ほどのお方に品行上の欠点があっても、それは時代の通弊として致し方ありませんが、子たる者は違います」

姉二人にこんな除外例を認めさせていた父は、花柳界で遊びもしたし、妾宅も持ってい

る女中に手をつけたこともある。だから父は新聞や雑誌から青年男女の品行問題など持ちだされると、自分にそれを語る資格はないと遠慮していたほどである。しかし最後に篤二が罪もない妻を出してTを家へ入れると主張したのに対しては、父も「人倫にもとる」という理由で、とうとう廃嫡を断行したのである。

それが当時の父の道徳であり、ある程度の社会通念でもあった。後年エドワード八世がシンプソン夫人のために退位した「世紀の恋」の縮尺何十万分の一という地図を、篤二は明治の末に引いていたわけだ。

この廃嫡は父にとって生涯の痛恨事だった。そして穂積や阪谷の姉たちも同族会の席上で泣いたりした。だが世間には、道楽の味も知らない穂積や阪谷と、その賢妻たちの倫理過剰な説教がかえって篤二をコジレさせたのだという批評もあった。何かのおりに母がこういったのを覚えている。

「お前さんたちもよっぽど品行に気をつけないと、何しろ理屈っぽいウチだからね」

これは同族会とは関係ないが、父は折にふれて自分の体得した信条なり経験なりを、よく平易な言葉で表現した。

•「金は働きのカスだ。機械が運転しているとカスが溜るように、人間もよく働いていれば金がたまる」これは人によりけりだが、月給をもらうために働くと考えるより、働いたために月給がもらえると考えるほうがいい。

•「会社の用はわがものと思え。会社の金は人のものと思え」つまり公私の別だ。

•「権利には必ず義務がともなう。義務を先にし、権利を後にするようでなければ、決して人から信頼されんよ。」労資闘争もこれが前提になるはずだ。

•「私がもし一身一家の富むことばかり考えたら、三井や岩崎にも負けなかったろうよ。——ここで微笑しながら——これは負けおしみではないぞ」父の能力や時代を思い合わせれば、そうだろうという気もする。

以下参考のため、アメリカ軍が終戦直後に三井、三菱の財閥解体をしたときの数字をあげてみよう。

三井十一家の共有した株式は三井系十六社の株で、その払込額合計は三億六千二百八十万円余。全事業の資本力は三十億円余だ。

岩崎家の事業は十二の会社から成り、岩崎五家が二百二十八万株（総株数の四割六分弱）を持っている。そして十二社の一つである三菱本社の資本金だけでも二億四千万余円である（持株会社整理委員会資料による）。

以上二社に比して、ザコのトトまじり財閥、澁澤同族株式会社は、七家合計の資本金一千万円、内払込金六百二十五万円で、何の事業もしていなかった。そしてこの擬似財閥の解体が完了した昭和二十七年に、私たち同族はそれぞれ若干の返金を受けた。私の分は財産税に同族株の一部を代納していたため、返金が金十六万円也だった。当時のヤミ電話の値段である。これで財閥鳴動して電話一本というサゲまでついた。

むかし父は同族会でよくこういった。

「いつもみんなに倹約をすすめておきながら、また私の道楽を許してもらわなければ……」

そして社会事業その他に対する寄付金の承認を求めるのだった。

「どんな利巧な人でも、社会があるから成功することができるのだ。だから成功したら社会に恩返しをするのが当然だ」よくこんなことをいった父は、何か社会的に大きな寄付金の必要がおこると、自分も応分の金を出したし、世の資産家からもよく出させた。そして服部時計店の創始者服部金太郎さんは、毎々父の勧誘に応じて、よく寄付金を出してくれる人だった。

あるとき服部さんは日本倶楽部で、博文館の大橋新太郎さんと将棋をさしていた。そばには第一生命の矢野恒太さんが観戦している。そこへ父がはいってきてこういった。

「いまイタリアの骨相学者に人相を見てもらいましたら、私は百七つまで生きるそうです」

とたんに服部さんは手にした将棋の駒を盤上に投げだして立ちあがると

「えッ？　そりゃ大変だ。澁澤さんに百七つまで生きられちゃ、これからどれだけ寄付金のご用があるかわからない。将棋どころじゃありません。もっと稼がなくっちゃ……」

周囲の人は一斉にドッと笑ったそうである。

ⓔ 一友人

以前私は父の明治四十二年の日記を見ていたら、夜の宴会へ招かれたあとなどに、ときおり「帰途一友人ヲ問ヒ、十一時半帰宿ス」と書いてあるので、思わず失笑したことがある。宴会帰りに自動車を乗りつけて、「おい、きたぞ」と立ちよるような打ちとけた友人はなかった。この「一友人」は二号さんなのである。

昭和のはじめに一部の東京人は、フランス語の女友だちアミイ（amie）という言葉をちょうど今日のガール・フレンドみたいに使っていたが、慶応三年にパリへいってきた父が、その訳語の先鞭《せんべん》をつけたわけでもあるまい。とにかく日記にわざわざ「一友人ヲ問ヒ」などとつける克明さが面白い。そして母も父の日記を見たりはしなかったようである。そしてその「一友人」は本郷真砂町辺に住んでいた。

兄正雄の説によると、兜町の事務所から飛鳥山の家へ帰るとき、父に「ご陪乗《ばいじょう》ねがえましょうか」ときいて、すぐ〝ああ〟というときは真っすぐご帰館だが、〝うん？〟というアイマイな返事のときは即座に引きさがらなければ……自動車が本郷三丁目の角を真砂町のほうへまがる晩なんだよ」というのだった。

明治中葉のころ、大日本麦酒会社の植村澄三郎さんは、父が社長で自分が専務をしている某会社に突発事件がおこったので、一刻も早くそれを父に知らせようと思ったが、父の居所がわからない。品行方正で謹厳な植村さんもいろいろカンを働かせたあげく、父が日本橋浜町辺の一友人宅にいると見当をつけ、勇気を鼓《こ》して女名前の家へ出かけた。そして取次の女中に来意を告げると、やがて余り広くもない家の奥から、生来大きな父の声が筒抜けに聞えてくる。

「かようなところに、澁澤のおるべき道理はありません。御用がおありなら明朝宅のほうをおたずねください、と申しあげなさい。……ご本人が、おるべき道理がないって言っているのだから、おかしかったですよ」

よくいえば私生活にも公私のケジメをつける几帳面さだろうが、父らしい野暮ったさも感じられる。父の死後私は新橋のある待合へいったとき、そこの女将が「せっかく書いていただいたんですが、どうも懸《か》けられませんでね」といった。その扁額には、父の筆で「慎其独」（そのひとりをつつしむ）と書いてあった。待合へ遊びにきて独りを慎むくらいなら、家へ帰ったほうがよさそうである。

論語には性道徳の訓言がほとんどないので、晩年の母は私たちによくこういった。

「大人《たいじん》も論語とはうまいものを見つけなさったよ。あれが聖書だったら、てんで守れっこないものね」

そんな父が長い年月「東京女学館」や「日本女子大学」の熱心な後援者となり、後者のほうは校長に就任したことさえある。いい気なものだという感もあったが、本人は罪ほろぼしのつもりだったのかもしれない。

f 論語会

父はよく親類の青少年を集めて、飛鳥山邸で「論語会」を開いた。書院造りの大広間二タ間をブッコ抜いて教室に当てる。大きな床の間の前に講師の宇野哲人先生と父が着座して、三、四十人の聴講生が居流れる。一節ごとに先生が講義され、父が体験上の注釈など加え、それから皆の質問や討論にうつる。ヘソまがりの私は会の終わったあとで、宇野先生にこんなことをいったりした。

「論語の訓言みたいな至上命令は、人生経験の浅い私たちにはピッタリきません。なぜこれが真理なのか理由を知りたいのです。だから本当の人間を描いて、生きた哲学を教えてくれるトルストイやイプセンやメーテルリンクのほうが感激できるんです」

これが泰西の文学講座だったらどんなにいいだろうと私は思った。

また異説を立てて父に厭な顔をさせたこともある。

「足利尊氏は歴史では逆賊扱いされてますが、将軍として従容《しょうよう》と死んだろうと思います。北朝という錦のみ旗も一応用意したし、南北朝の正閏《せいじゅん》[※47]がやかましく論議されたのは後世のことで、当時の国民は彼を逆賊などとは思わなかったでしょう」

どうも私は温室内に咲く、逆説の狂い花だったらしい。

論語会には夕食に偕楽園の中華弁当がでた。これで論語さえなければいいなと思った。

兄の正雄や私や私の友人は、父からもらった「ポケット論語」を開き、その上に当時学生間でよく読まれた「アカギ叢書《そうしょ》」という薄手の小型版を載せた。岩波文庫みたいな本である。すると大きさが「ポケット論語」とほぼ同じなので、論語を読んでいるような外観を保ちながら、実はモーパッサンの訳本「ユヌ・ヴィ」などに読みふけることができた。そして離れた席に坐っている同志と視線が合うと、互いにニヤリとほほえみ交わしたりした。

明治四十一年ごろ、父は私たち兄弟三人のために私塾を設け、学友として当時大学生だった遠藤柳作、篠原三千郎、芦田均の三先輩や、私と同級の中学四年生帰山教正君と起居を共にさせてくれた。そして総監督は横山徳次郎先生だった。父はその塾に「克己寮」と命名し、論語の顔淵第十二にある「克己復礼為仁。一日克己復礼天下帰仁」を揮毫して床の間の軸に仕立ててくれた。去年帰山君が亡くなって、「克己寮」の生き残りは私一人だけになってしまった。

g 夜明けの庭

（ある時代のある家庭が、どんな言葉づかいをしていたかという参考資料のつもりで、当時の会話をできるだけ忠実に写した）

正雄と私が一高時代の夏休みには、よく学友を家へ連れてきてトランプなどをやった。地方出の学友などは、時によると十日以上も飛鳥山邸に滞在していた。一番熱中したトランプはポーカーに似たゲームで、手まめで丹念な正雄は各自の得点を帳面に記入してゆく。すると昼まで一位だったAが夕方三位に落ちてBに抜かれたとか、最低位のCが夜のふけるのにつれてノシてきたとか、その成績表がみなの競争意識を刺激して面白かった。むろん金など賭けなかったのである。

父が夜の十時ごろ帰宅する。もう七十一、二のころだった。そして帰宅早々の用事を処理すると、若い者のすきな父は私たちの部屋へきて

「なんです？　だいぶご精が出るようだが」

などと団扇《うちわ》片手に機嫌のいい笑顔を見せる。一同が居ずまいをなおして一礼すると、

「さあさあ、かまわず続けてごらんなさい」

こんな調子でドッカリ座る。そこへ座蒲団がくる。お茶がくる。父はすっかりミコシをすえて熱心にポーカーを見物する。そこで母も私たち兄弟に
「どうせ父《とう》さまがご覧になるんなら、いっそお居間ではじめたらいいじゃないか」といって、競技場は居間に移される。そのうち父もルールを覚えこんで仲間入りする。青年たちはこの意外な老新入生を迎えて、トランプ競技にも一段と熱度がくわわる。若いころ花ガルタの好きだった父はこのポーカーにもすぐ上達して、さかんに一同を悩ませはじめた。

「そうりゃ、そりゃ、ストップぞ。ストップぞ」

「チェッ。またやられたか」

「マイナス二点は痛いな」

学生たちがこんな嘆声をあげると、父は大黒様みたいなニコニコ顔で

「まことに、なんともはや、ご愁傷の至りで……」

などとオドケながら、もう一組のトランプを切ってサッサと札《ふだ》を配りだすのだった。

両親の居間（後年は洋館に移った）の回り縁に面した二方には、虫よけのため寒冷紗《かんれいしゃ》の戸がしまっていた。座敷の一方は大きな床の間で、その一隅に長い地袋があった。母はその前に坐って、何かこまかい用事を片づけていたが、ふと地袋の上の置時計をふり向くと

「おや。もうこんな時間かい！」

とつぶやいてから、父に

「そろそろ切りのよろしいところでゲシナリ（御寝《ぎょしん》なりの転訛）ませんか？　もう十二時すぎでございますよ」

しかし気持ちも手先もトランプに取り憑《つ》かれたままの父は、母を見向きもしずに

「はい、はい。もうおしまいだよ。構わんから先に寝てしまいなさい」

全然うわの空なので、母は私たち兄弟のほうを見ながら

「お前さんがたもいい加減になさいよ。とうさまは明日《あした》またお早いんだからね」

兄がすぐ受けて
「はあ、心得てます。しかるべきときに切りあげますから、かあさまはどうぞお先へ……」
その尾について私が「では、ごきげんよう」と止《とど》めのお辞儀をする。母はこの時間の観念を喪失した父と子に苦笑しながら
「心得てるもないもんだよ。しかるべき時ってのは、あしたの朝じゃないのかい？　本当にしょうのない人たちだね。このあんばいじゃ、まだまだ容易なこっちゃなさそうだね。あたしゃあしたが辛《つら》いから、お先にごめんこうむるよ。本当にほどにしときなさい！」
こう念を押して母が寝室へ退くと、残った面々はまるで時計の針があともどりでもしたように落ちつきはらって、心おきなくゲームをくりかえすのだった。
寒冷紗に張りついていた闇《やみ》の色が、何かこう軽くなったと思ううちに、あるかなきかの薄明が見るみる育って、夏の夜はうす紫に明けそめた。私はその美しさに、多年見馴れた庭を、はじめての景色みたいに見とれた。

夜が明けきると、父はその日の予定を思い出したらしく、「しまった」という感じの声音《こわね》で「さあ、さあ、さあ、さあ……」と口走りながら、スリッパの音を立てて足早に洋館のほうの洗面所へ歩いてゆく。

「寝るにはハンパな時間だ。もう少しいこうぜ」

兄のこの言葉に、学生たちのポーカーはつづけられる。徹夜の脂《あぶら》ぎった顔を朝日に晒《さら》したまま、惰性だけで手を動かしていると、洗面を済ませた父が、もう詰めかけてきた来訪客に面接すべく、夏羽織のヒモを結びながら、畳廊下にスリッパをひびかせてゆくのだった。

身の上相談

父は長年のあいだ、会いたいという人には、紹介状などなくても会った。だから事業上の意見を聞きにくる実業家以外に、身の上相談を持ちこむ人も多かった。日本館の玄関脇にある、昼間でもタソガレのように薄暗い座敷がその応接間だった。

父はこんなふうにいう。「せんだっては、会うといきなり、どうかあなたの書生にしてください。してくれるなら今すぐなります。そのつもりで行李も持ってきましたという、気の早い学生がきたよ」

「ボクに一万円貸しなさい。貸すことが日本帝国のためですという、おかしな男もきたよ。ただモジモジしているばかりで、何をたずねても用件を切りださない人は一番困るよ。何しろあとがつかえているのだからね」

父は事の大小軽重を問わず、親身《しんみ》になって助言を与えた。そのうち約束の時間が近づいて、商工会議所や銀行集会所から催促の電話がくる。しかし父は貧しい青年や不幸な寡婦《かふ》などに誠実な助言を与えつづける。国家経済から見れば無駄かもしれないが、これが合理主義者澁澤榮一のウェットな不合理性だった。

父は私たち兄弟に、事業をはじめるときの規準をこう教えた。

一、道理正しいかどうか、二、時運に適しているかどうか、三、人の和を得ているかどうか、四、おのれの分《ぶん》にふさわしいかどうか、というのだった。この心得はきっと朝の来訪者の事業計画にも、押し当てたモノサシだったろう。

恋愛と文学

大学二、三年のころ、私は嫌いな法律の勉強をやめて、文科に移り、フランス文学を専攻したいと思った。しかし父にうまく拝み倒され、母には泣きつかれて思いとまった。そのとき父が文学者の例として、「お前も押川春浪や村井弦斎になったところで始まらんじゃないか」といったので、アナトール・フランスやポール・ブールジェに憧れていた私は、ふだん尊敬している父の文学的無理解、無知識に唖然とした記憶がある。

なんでも私の中学時代に、父が何かをもっとシッカリ勉強しろといったのに対し、私は勉強したところで自分の能力は先が知れている、という意味を答えた。すると父はいくらかキッとした語調でこういった。

「お前にはみずから画《かく》する悪い性癖がある。自分に自分で見切りをつけるようでは、何事も出来はしないぞ。その欠点は改めなさい」

なるほど子を見ること親にしかずだ。ちなみに「自ら画する」は論語にある言葉だった。

「どうか法科をつづけて、文学は趣味にしてくれないか。ワシが頼むからそうしてもらいたい」こう拝み倒されて文科を思いとまったのは、私の文学的能力を「みずから画《かく》した」結果だった。私は父の戒しめた欠点のために、父の希望に添うという皮肉な結末に達した。そのとき父は私に達筆な手紙をくれている。

「一書申入候　然者《しかれば》過日被申出候《もうしいでられそうろう》文科転学問題ニ付而《ついて》ハ真ニ憂慮いたし候処　幸ニ老父母の衷情を察せられ　快然（注　実は渋々）翻《ほん》志の挙に出られ候義者《ぎは》　無此上《このうえなき》次第と存候（下略）[※48]」

大正三年（一九一四）二月二十日に書いた、達筆で墨痕あざやかな手紙だった。

そのころ私は両親の反対した恋愛に突入して、背水の陣をしいた。そして後年それを申しだしたとき、そこは親の慈悲で立派に結婚させてくれたが、そのときひたすら恐れ入っていた私に、父は少しも野暮な小言をいわず、ただ将来をいましめるだけだった。しかも私は後年夫婦別れをしてしまった。これもみずからを画する悪癖に一脈つながるものがあるのかもしれない。

お読みあげ

小学の三、四年ごろ、私は病床の父に巌谷小波の「少年八犬士」を読んで聞かせたことがある。また中学、高校時分には、夜帰宅してきた父によく新聞を朗読した。そしてその後も、病床の父には、私の本の朗読がある程度つきものになった。

九十をすぎてからの父は、健康時でも家に引きこもりがちだったから、近くにいた私はほとんど毎晩のように本を読みに父の邸へ出向いた。すると母は

「このごろサッパリ元気がおありなさらないので気がかりなんだよ。ちとお気晴らしに、落語か義太夫の上手な人でもお呼びになってはって申しあげたんだが、それより秀雄に本でも読んでもらうほうがいい心持ちだっておっしゃるんだから、お前さんの〝お読みあげ〟も大したものさ。いまに木戸銭が取れるかもしれないよ」

冗談をいいながら、母は私の朗読に油をかける。お読みあげとはいかにも母らしい用語だった。

広い洋室に椅子テーブルは置かず、ジュータンの上に座蒲団を敷いて、日本間式に住んでいる両親だったが、老来ますます私生活にゼイタクをいわなくなった父は、自分のために芸能家を呼びよせることなど心苦しかったのだろう。うまくもない我《わ》が子の朗読を、何より気やすい老後の楽しみとしていたのだ。

父はかなり丁寧に会釈《えしゃく》して、毎度ご苦労さまといい、母や女中たちに「おい。紅茶でもあげなよ。菓子や果物なんぞもあったかな」などと気を配ってくれる。私が幼時から感じつづけてきた、公人としての迫力や重圧感は完全に影を消して、ただ愛すべき好々爺《こうこうや》の父親になっていた。

中里介山の「大菩薩峠」を読んだときは、京都の場面で近藤勇や土方歳三の思い出話をしてくれたのは前述した通りである。また直木三十五の「合戦」にある衣川《ころもがわ》の弁慶立往生のクダりは、館《やかた》の大手に立てた弁慶のワラ人形が、豪僧弁慶というネーム・ヴァリューの威力で、人形であることさえ気取《けど》られずに敵を恐れさせるのに反して、搦手《からめて》にまわった本物の弁慶は名乗らないばかりに、いくら豪勇をふるっても敵は「なんて強い坊主だ」ぐらいのことで、あとから押しよせてくるという話を、父も面白がって

「なるほど、新店はいくら勉強しても、売りこんだ老舗《しにせ》にはかなわないという理屈だね」

と、老実業家らしい寸評を加えなどした。

岡本綺堂の「半七捕物帳」は父を興がらせたばかりでなく、よく雑用のため席を立つ母を、座蒲団の上へクギづけにした。あの小説は捕物の面白さのほかに、江戸学者綺堂の筆が江戸の面影を復元したような観さえある。だから作中の岡っぴきやお店者《たなもの》や、また侍や職人や遊芸師匠を、江戸の実物で見てきた父と母には、明治者の想像もできない郷愁があったのだろう。

ある日夏目漱石の「吾輩は猫である」を読んだら大変面白がって

「ようも巧みに書き表わせるものね。やはり蘊蓄《うんちく》のある人はちがうよ」と感心しながら、なかに出てくる外国人やギリシャの話などを熱心に質問してくる。そこで私も知っている

限りは答えたが、父の知識欲の若さには驚いた。それにしても七十代のとき「猫」を読んでも詰らながった父が、九十になってからこう面白がる。近代文学のセンスのない老人にも、文学鑑賞の進歩があるのは頼もしかった。

落語を読むときは、私も厭味にならない程度に大屋さんや熊さんの声柄を変える。父はさもおかしそうに、天真ランマンに笑ってくれる。いきおい私の「お読みあげ」にも熱がはいる。そんな場合、私はヌクヌクと「冬日愛すべし」の日向ぼっこをしているような気持ちだった。

昭和六年十一月、父が翌日いよいよ腹部の手術を受けるという晩は、私たち大勢の兄弟姉妹が飛島山邸に集まったので、九十二歳の父もことのほか機嫌がよかった。そして三代目柳家小さんの落語を速記した「寝床」と「船徳」と「花色木綿」が、父に聴いてもらい笑ってもらった最後のお読みあげとなってしまった。

※46　渋沢の次女・琴子の嫁ぎ先である阪谷家《さかたに》のこと。

※47　正しい系統とそうでない系統。「南北朝正閏論」といえば、足利尊氏によって京を追われた後醍醐天皇の系統（南朝）と、足利尊氏が擁立した北朝の系統のどちらが正統かについての論争のこと。三種の神器を保持していた南朝のほうを正統だとすると、足利尊氏は逆賊ということになる。

※48　渋沢の手紙の大意は以下の通り
「一言申し上げよう。さて、先日、申し出のあった文科への転学の問題については、私も誠に憂慮していたところだったが、幸い、老いた夫婦の真心を察してくれて、快く考えを改めてくれたのは、この上ないことだと思っている」

34

人間の標高

富士山の標高は三七七八（原文ママ）メートルだという。自分が実測しなくてもそれを信じている。またどこから見ても、そのくらいの高さは感じる。そして敗戦までの日本は、人間の標高を爵位や勲章で表示する悪い癖があった。これは山の測量よりは不正確だったり、一面的だったりするが、大体当らずといえども遠からずの場合もある。そして父が死んだときは従二位勲一等子爵が正二位勲一等子爵に進んだ。稲荷大明神にもうひと息というところだった。

昭和三年十月一日に帝国劇場で、父の米寿祝賀会が催された。その次第書はこうだ。

司会　男爵　中嶋久万吉 殿

一、来賓着席
一、司会者開会ヲ告グ
一、会員総代団琢磨殿賀詞朗読
一、来賓総代内閣総理大臣男爵田中義一閣下祝辞朗読
一、子爵閣下御挨拶
一、発起人総代男爵郷誠之助殿祝賀記念計画発議
一、司会者閉会ヲ告グ

発起人は四十二人。会員総数は九百四十五人で外人もいる。当時経済界の代表的な一流人物ばかりだ。

主賓は父と母をはじめ澁澤同族全員、帝劇の舞台で父にちなんだ新作舞踊劇、ルス・ページ嬢一行のバレー、そして六世尾上梅幸、七世松本幸四郎その他の「船弁慶」があり、のち東京会館で晩餐会が開かれた。帝劇は父が創立委員長になって建てたゆかりの劇場である。

陪賓は諸外国の大、公使が二十六人。日本の大臣が十三人。枢密院議長ほか顧問官が二十六人。貴衆両院議長、内閣書記官長、法制局長官、警視総監、東京府知事、東京市長など七人。その他元帥伯爵東郷平八郎、子爵清浦奎吾、伯爵山本権兵衛、高橋是清、犬養毅、浜口雄幸、若槻礼次郎、床次竹二郎、尾崎行雄、後藤新平、幣原喜重郎など十八人。それから各新聞社通信社の社長や理事が二十二人。親の七光りで主賓のハシクレになった私は、参会者の顔ぶれと会の盛大さに驚いて、子供っぽくオヤジは偉いんだなアとビックリした。

田中総理の祝辞のあとで舞台に立った父は、喜びに顔を輝かせながら

「……感極まって申上げる言葉をほとんど失うと申さざるを得ませぬ」と前置きして、一身の経歴や官尊民卑に憤慨した昔を物語ってから、実業界で働いたあらましに言及し、こんな老いぼれの祝宴に、総理大臣が臨席して懇篤な祝辞を述べたことは官民密着の実証だと説き、実業界の向上発達を念願した一事は誤りでなかったと述べ、

「わが身を祝うてくださるありがたさよりは、国家のため誠に慶賀に堪えない次第でご

ざいます」と結んだ。

この祝賀会は経済界の有力者が、父の標高を民間で測定した発表会ともいえよう。

昭和四年の十二月に、父は天皇から昼食のお呼ばれを受けた。当時の言葉だと単独賜《し》餐《さん》。多年民間でよく働いた老臣をねぎらう、イキな宮廷演出だった。

食事のときは、陛下の右隣りが父の席で、九十歳の老人だから、特に柔らかいものが用意されていたという。そして食卓には陛下と父のほかに、宮内省の高官が六人列席した。

席上で父は長い身の上話を申しあげた。そして、むかしフランスにいったとき、ナポレオン三世が博覧会場で大演説をしたこと。そのナポレオンも二年後にはドイツに大敗し、そのドイツも第一次大戦で連合軍に打ちのめされたことなどを述懐して、一国敗亡の素因は外敵よりも国内にあり、という考えを言上したそうである。おそらく「阿房宮賦」の一節もつけ加えたろうと思う。それからわずか八年目に、日本はみずから進んで墓穴をほりはじめたのだった。

露伴のいわゆる「時代の児として生れた」父は、一生を思い残すことなく働き通したろう。独りで黙っているときでも、身体からエマナチオン[※49]が発散されているような気がした。そうしたエネルギーを、人のため世のため惜しみなく使いつづけた。父の誠実な奉仕は国からも社会からも報いられた。士農工商の階級を打破し、素町人を実業家に昇格させるフロンティアーとしては、父の一生は幸福すぎ、われわれ子供らは七光に浴しすぎたかもしれない。

父が長男篤二を廃嫡にしたことは、終生の恨事だったに違いない。しかしその篤二も父の病臥から終焉まで、毎日のように見舞いにきた。そしてその長子敬三はよく出来た三代目として、看病や葬儀の采配をふるい、その後社会的にも幾多重要なポストについて誠実に働き通した。

ところで私は青年時代から父を尊敬してきた。そしてその一生を立派だと思った。三井、岩崎ほど金を溜めなかったことも天晴れだと考えた。しかしああいう事業家的生活を羨ましいと思ったことは、ほとんど一度もなかった。もし父が芸術家としてあれだけ先駆的な仕事をしたのだったら、私は全面的に傾倒したろう。いや、そうなると却って経済界に興味を引かれたかもしれない。それはともかく、芸術を愛好しながらみずから天分はなく、経済界のはしくれにいながら事業的才能もない私は、ある意味で人生そのものに対して微温的なディレッタントだったろう。そして親の与えてくれた境遇の浪費者だったかもしれない。

父はむかし私たち兄弟にこういった。

「ワシはお前たちに、あえて傑出した人物になってくれとは頼まんが、ぜひとも善良な国民にはなってもらいたいね。善良な国民になることは、(ここで少し皮肉な笑みを浮かべて)傑出した人物になる妨げにはならんのだよ」

「傑出した人物」にならない点で、父の期待(?)に忠実だった私は、せめてこれから善良な国民になることを心がけよう。ただし善良な国民にもピンからキリまである。私は私なりに人生を味わいながら、多少なりとも向上してゆきたい。

※49　ラドンなどの放射性希ガス元素の総称。ラジウム温泉（ラドン温泉）から放出されるラドン等が人を元気にさせるように、渋沢栄一の体からは活気あふれるエネルギーが放出されているようだった、といった意味合いであろう。

著者・澁澤秀雄について

澁澤秀雄は明治25年（1892）、澁澤榮一の四男として誕生しました。馬車に乗っていた榮一が暴漢に襲われた（本書226ページ）年です。母親は榮一の2度目の妻、兼子。生家は本書「25　海坊主」（222ページ）に出てくる辰野金吾設計の「兜町の洋館」です。

「兜町の家は室内装飾も家具調度も鹿鳴館趣味だった。むろんあれほど豪華ではなかったが、応接室の壁には織物の布が張られ、天井からはガラスのシャンデリアが華麗な尾を下げ、夜はガス灯がそこから文明開化の光を投げた」「夫人室や両親の居間はジュウタンの上に座布団を敷いてすわった。また茶の間や私たちの部屋は畳敷きだった。天保と嘉永生まれの父と母に、洋風一点張りの生活は無理だ」（澁澤秀雄『私の履歴書』日本経済新聞社）

家の二面は日本橋川に面しており、子どもたちはこの川でよく泳いだといいます。

明治34年（1901）、一家は飛鳥山の新築の邸宅に引っ越しました。現在の東京都北区西ヶ原で、飛鳥山公園の一角には渋沢史料館があり、現存する旧渋沢邸の洋風茶室「晩香廬《ばんこうろ》」と「青淵文庫《せいえんぶんこ》」は国の重要文化財に指定されています。

榮一が二頭立ての馬車に乗っていたころ、小、中学生時代の秀雄は必ず御者台に乗ったといいます。

「もし途中で友だちに会っても、御者台なら引け目を感じないが、車内にいると肩身がせまかった。少年にとっては、人なみでないことがいちばん恥ずかしい」（『私の履歴書』）

榮一は秀雄ら兄弟のために「克己寮」という私塾を設けました。学友には戦後首相になった帝大生の芦田均もいました。

秀雄は東京帝国大学に進学しました。

榮一の長女歌子の長男、穂積重遠は当時、東京帝大助教授でした。「親戚関係は私が叔父《おじ》で彼が甥《おい》である。（中略）穂積助教授は点がカライという。そして私は不勉強者だ。オジさんがオイに試験されて落第させられたら目も当てられない。こっちも困るが先方だって弱るだろう。大恐惶《だいきょうこう》をきたしていると、いいあんばいにほかの先生になったので、私はホッとした」(『私の履歴書』)

大正3年（1914）、法科から文科に移り、フランス文学を専攻したいと思ったが、栄一や兼子に反対されて断念したことは本書「家庭メモ」（302ページ）にあります。

栄一が長男、篤二を廃嫡したことは「家庭メモ」（287ページ）にあります。大正2年（1913）のことでした。佐野眞一著『渋沢家三代』（文春新書）には次のような記述があります。

「篤二からみて二十歳年下になる異母弟の秀雄は、のちにエッセイストとして知られることになるが、若いころから文学青年で通っていた。一高の学生時代、アレクサンドル・デュマの『椿姫』を原文で読んで感動した秀雄は、6歳年上の長兄武之助とはからって、篤二の住む白金邸をたずねたことがある。(中略)

『椿姫』は、いつも豪奢に身を飾った売春婦と純情な青年との恋物語である。二人の愛の巣に、息子との関係の清算を頼むため、青年の父親が訪ねるところが、この小説の一つの山場となっている」

この時、秀雄は芸妓と別れるよう諫めるつもりだったが、篤二も芸妓も姿を見せなかったといいます。

大正6年（1917）秀雄は大学を出て、日本興業銀行に就職します。翌年退職し、大正8年（1919）榮一が設立代表者となった田園都市株式会社取締役となりました。田園都市会社は現在の東急東横線・目黒線田園調布駅西口の駅前広場を中心に広がる高級住宅地、田園調布を開発しました。

これに先立つ大正4年（1915）、76歳で榮一は渡米しました。孫で秀雄の長男の和男は著書『わが父　渋沢秀雄』（あずさ書店）に書いています。

「(渡米した) 祖父は、都会が膨張すればするほど自然の要素が人間生活から欠けるため、都会生活者は肉体的にはもちろん道徳的にも悪影響を受け、神経衰弱者が激増し不良青年が輩出するようになることを痛感、同時にこうした弊害から都市住民を守り、健康で明るい家庭生活を営ませたいと考えたのである。これが田園都市会社の設立目的であり、理想でもあった」

秀雄が入社した当時、会社に常勤しているのは2人の役員と2人の社員だけ。計画的開発はこれからという時期でした。秀雄は入社5カ月後、自費で欧米11カ国を巡り、宅地開発の実態を視察しました。新聞は榮一の大澁澤に対し、秀雄を小澁澤と呼び出発を報道しました。

「郊外住宅地には町のプランニングも、家の建築様式もすばらしいものが多かった。塀《へい》などはなくて低い生け垣《がき》ばかりだから、ほんとうに町ぐるみの公園だった」(『私の履歴書』)

秀雄はサンフランシスコ郊外のセント・フランシス・ウッドという住宅地が気に入ります。

「土地に多少の起伏があって、樹木や草花も多かった。そこの中心には、パリーの凱旋門にあるエトワール（幾条もの道路が一点から放射されている星型の辻）式道路ができていた。パリーとは比較にならない小規模なエトワールだったが、それはその住宅地に美しさと奥深さを与えていた。

カーブのある道は行く手が見通せないから、人に好奇心と夢を抱かせる。父（秀雄）は田園調布の西側に半円のエトワール型を取り入れてもらった」（『わが父　渋沢秀雄』）

駅から放射状に広い街路が広がる。原則生け垣、庭を彩る季節の花。「東京のエトワール」、田園調布の原型がつくられました。

大正9年（1920）経済恐慌が起き、田園都市会社の出資者が窮地に陥ります。第一生命の創業者で社長の矢野恒太が株を引き受け、経営を見るようになりました。矢野は関西で田園都市事業に成功している小林一三に知恵を借りることを提案します。

小林は五島慶太の事業への参加を推奨しました。五島は鉄道院の官僚から、まだ路線計画ばかりで鉄道を持っていなかった武蔵電気鉄道常務に転じていました。大正12年（1923）3月に目黒―丸子間に電車が開通、調布駅（後に田園調布）もできました。同じ年の9月、関東大震災。災禍は深刻でしたが、郊外住宅ブームに火がつき田園調布はタイミング良く売り出せました。11月には蒲田―丸子間も開通します。

「（田園都市会社の）電車部が五島慶太氏の力で東京急行電鉄へと発展した」（『私の履歴書』）

秀雄は都市開発の一方で芸術にも深い関心を持ちました。画家の小絲源太郎と交遊を持ち「私が丸子多摩川のほとりに『遊園地多摩川園』を創設したときは、そのそもそもから引きつづいておもしろい案をサジェストしたり、仕事に必要な人を紹介してくれたりした」（『私の履歴書』）

大正14年（1925）開園の多摩川園（現在は田園調布せせらぎ公園）には豊富な湧き水があり、園内には大きな大理石風呂がつくられました。多摩川園内には「小鳥座」という劇場をつくり、秀雄は子どもがおもしろがり、大人も興味を持てる芝居を上演しようと考えました。

田園調布の約千坪の敷地に家を建てた秀雄は、電気器具を備えた「電気ホーム」として公開。ＰＲに使い1万２０００人が来場しました。

「会のあとで私はそこに住んで驚いた。ひと月の電気代が百四、五十円もかかるのだ。今の七、八万円かもしれない。私はあわてて電気器具をはずした」（『私の履歴書』）

田園都市会社の指南役になった小林一三。秀雄はよく阪急沿線の住宅地へ見学に出かけ、小林から土地開発の臨床講義を受けました。秀雄が演劇会社に興味のあることを知っていた小林は、秀雄を東京宝塚劇場に推薦。昭和13年（１９３８）に株式会社東京宝塚劇場の取締役会長になりました。

昭和18年（１９４３）、東宝映画と合併し東宝株式会社になりました。昭和14年（１９３９）には宝塚スター40人を連れて渡米、各地で公演します。

敗戦で田園調布の家は接収され、秀雄はパージを受けます。財閥解体の時の大蔵大臣はおいの澁澤敬三（異母兄、篤二の長男、多くの民俗学者を育てたことでも知られる）でした。

「おいが大臣なのでごまかしたと思われてはいけない」。秀雄はなにからなにまで正直に申告しました。接収に来た側が「これが財閥なのか」と驚いていたそうです。

戦後は、実業の世界と距離を置き、随筆に注力します。『あまから人生』『宴会哲学』『自画他賛』『散歩人生』など著書は50冊近くに上ります。

油絵が達者でデパートで個展を開き、三味線を楽しみました。久保田万太郎主宰の「いとう句会」同人になり、俳号は「渋亭」。

昭和38年（1963）、明治村常務理事になり、同40年（1965）明治村が開村。49年（1974）から59年（1984）まで理事長を務めました。

「たしかに私は回顧することが好きだ。そのせいかわりに過去のことをよく覚えている。そして過去を現代に生かして、未来の道しるべにしたいという考えを持っている。日本は歴史の古さを誇るくせに、過去の遺産を大切に保存する点では、遠く欧米に及ばない」(『私の履歴書』)

恵まれた人生を送ったようにも見える秀雄の痛恨事は、二男が大学生の時病死したことでした。

「もし親バカの賛辞が許してもらえるなら、彼は長身白皙《はく》の美丈夫だった。その彼が昭和16年(1941)に病死してしまった。その当座、私は深夜ひそかに彼のいた部屋へ行って飲めないウイスキーを無理に飲み、自制力を弱めては泣きつづけた」(『私の履歴書』)

『私の履歴書』は本書同様、「すぐれた人物にならなかった点で、私はみごと父の要望(?)にこたえた。せめてこれからは善良な国民を目指すほかはない」と結んでいます。そこには自慢話や手柄話はなく、包み隠すことなく等身大の自分を描こうという姿勢がみてとれます。

「一番大切なのはふつうの人のふつうの暮らしだ、という信念を持ち続けた」（「天声人語」１９８４年2月17日）

昭和59年（１９８４）2月、秀雄は父親の榮一と同じ91歳で亡くなりました。

「生前、戯れに付けた戒名が〝回顧院殿過去反芻居士〟だったが、本物の戒名は〝随心院仙遊秀頴大居士〟であった」（週刊新潮１９８４年3月1日号「墓碑銘」）

秀雄の四男、均《ひとし》さんは96歳。ＴＢＳでテレビ草創期から「兼高かおる世界の旅」など番組プロデュースに携わり、今も矍鑠《かくしゃく》としています。

「祖父は公人で、家庭も一般の家族とは違った。父も、おそらく祖父も肉親の情に飢えていたと思います。父は祖父とトランプで遊んだことを綴っています（２９６ページ）が、普通の家だったらごく当たり前のこと。父にはこんなささいなことがうれしかったのではなかったでしょうか」と話しました。

見返ればすでに朧《おぼろ》のうしろかげ　渋亭

時事通信出版局

参考文献

わが父　渋沢秀雄　渋沢和男著　あずさ書店　1985年
私の履歴書　22　日本経済新聞社　1964年
渋沢家三代　佐野眞一著　文春新書　1998年
土地の神話　猪瀬直樹著　小学館　1988年
朝日新聞　1984年2月17日朝刊
毎日新聞　1984年2月17日朝刊
週刊新潮　1984年3月1日号

著者・澁澤秀雄について

澁澤榮一略年譜

※年齢は満年齢

西暦	和暦	年齢	事項（ゴシック体は時代背景ほか）
一八四〇	天保一一	〇	現在の埼玉県深谷市に誕生／アヘン戦争勃発
一八四五	弘化二	五	父市郎右衛門から読書を学ぶ
一八四七	弘化四	七	従兄尾高惇忠から漢籍を学ぶ
一八五三	嘉永六	一三	単身、藍を買い付け。父と初めて江戸へ／米東インド艦隊司令官ペリー浦賀来航
一八五四	安政元	一四	家業の養蚕、農業、藍問屋業に精励。病気の姉の祈禱にきた修験者を論破
一八五六	安政三	一六	父の名代として岡部陣屋で御用金を仰せつかる／米駐日総領事ハリス下田に来航
一八五八	安政五	一八	従妹ちよ（尾高惇忠の妹）と結婚／日米、日蘭、日露、日仏修好通商条約調印
一八五九	安政六	一九	神奈川・長崎・箱館開港
一八六〇	万延元	二〇	勝海舟ら咸臨丸出航渡米。井伊直弼暗殺
一八六一	文久元	二一	従兄渋沢喜作と江戸・千葉道場に出入り

一八六三	文久三	二三	高崎城乗っ取り計画、後中止し、渋沢喜作と京都へ出奔。長女歌子誕生
一八六四	元治元	二四	平岡円四郎の推挙により一橋慶喜に仕官
一八六五	慶応元	二五	歩兵取立御用掛として巡歴中阪谷朗廬を知る
一八六六	慶応二	二六	徳川慶喜、征夷大将軍に補任
一八六七	慶応三	二七	徳川昭武に従い横浜よりフランスへ出立／大政奉還
一八六八	明治元	二八	欧州より帰国。静岡で慶喜に面会／戊辰戦争勃発。討幕軍江戸入城。明治天皇即位
一八六九	明治二	二九	静岡藩に商法会所設立。明治政府・民部省租税正、民部省改正掛掛長
一八七〇	明治三	三〇	官営富岡製糸場設置主任。大蔵少丞。次女琴子誕生
一八七一	明治四	三一	大蔵大丞。『立会略則』発刊。紙幣頭。父市郎右衛門死去／戸籍法。新貨条例。廃藩置県
一八七二	明治五	三二	大蔵少輔事務取扱。王子製紙出願翌年許可。次男篤二誕生／新橋・横浜間鉄道開業。官営富岡製糸場開業。国立銀行条例発布。太陽暦
一八七三	明治六	三三	大蔵大輔・井上馨とともに財政改革を建議。官を辞し第一国立銀行総監役／地租改正条例
一八七四	明治七	三四	抄紙会社事務担当。東京府共有金取締。母えい死去／東京株式取引所設立。台湾出兵

一八七五	明治八	三五	第一国立銀行頭取。商法講習所創立
一八七六	明治九	三六	東京会議所会頭。東京府養育院・瓦斯局事務長／国立銀行条例改正（正貨準備緩和）
一八七七	明治一〇	三七	択善会（現東京銀行協会）創立。王子西ヶ原に別荘を建てはじめる／西郷隆盛自刃
一八七八	明治一一	三八	東京商法会議所会頭。岩崎弥太郎と会飲し合本主義を主張／関税自主権交渉開始
一八七九	明治一二	三九	グラント将軍歓迎会。商法講習所委員
一八八〇	明治一三	四〇	東京銀行集会所創立・委員長
一八八一	明治一四	四一	日本鉄道会社創立／明治二三年国会開設の勅諭
一八八二	明治一五	四二	ちよ夫人死去／日本銀行条例制定。手形取引所設立
一八八三	明治一六	四三	共同運輸成立。大阪紡績工場落成。東京商工会会頭。伊藤かねと再婚／新聞紙条例・出版条例改正
一八八四	明治一七	四四	東京商業学校（商法講習所改称）校務商議委員。浅野総一郎セメント工場払い下げを受ける／商業学校通則制定。華族令制定
一八八五	明治一八	四五	東京瓦斯会社創立委員長。日本郵船会社設立。東京養育院院長
一八八六	明治一九	四六	東京電灯会社設立。四男武之助誕生。「竜門社」創立

一八八七	明治二〇	四七	東京人造肥料・日本土木・東京製綱・京都織物・日本煉瓦製造・帝国ホテル等創立。東京手形交換所創立委員／所得税法公布
一八八八	明治二一	四八	札幌麦酒会社組織。東京市区改正臨時委員。五男正雄誕生。兜町邸竣工
一八八九	明治二二	四九	北海道炭礦等創立／大日本帝国憲法公布
一八九〇	明治二三	五〇	三女愛子誕生／教育勅語発布
一八九一	明治二四	五一	東京交換所委員長・東京商業会議所会頭
一八九二	明治二五	五二	東京貯蓄銀行創立会長。六男秀雄誕生。路上で暴漢に襲われる
一八九三	明治二六	五三	王子製紙会長。東京石川島造船所会長
一八九四	明治二七	五四	東京瓦斯・札幌麦酒会長／日清戦争勃発
一八九五	明治二八	五五	北越鉄道・磐城鉄道・群馬電気鉄道等創立／日清講和条約。三国干渉。ソウルで閔妃殺害
一八九六	明治二九	五六	東京銀行集会所委員長。日本精糖・東京印刷・東洋汽船・汽車製造・函館船渠等設立
一八九七	明治三〇	五七	澁澤倉庫部・東京水力電気等創立／貨幣法公布施行
一九〇〇	明治三三	六〇	(還暦)男爵を授爵／治安警察法公布
一九〇一	明治三四	六一	日本女子大学校開校・会計監督。東京市養育院院長。飛鳥山の別邸竣工、本邸移転

一九〇二	明治三五	六二	夫人を同伴し欧米巡遊／日英同盟
一九〇四	明治三七	六四	日露戦争勃発（翌年講和受諾）
一九〇六	明治三九	六六	京阪電気鉄道・名古屋瓦斯・中央製紙・東京電力・東京毛織物・明治精糖等創立
一九〇七	明治四〇	六七	帝国劇場・日本皮革・日本化学工業・日本自動車等創立。東京慈恵会副会長／戦後恐慌
一九〇八	明治四一	六八	中央慈善協会会長。実業家道徳会組織
一九〇九	明治四二	六九	（古希）多くの企業・諸団体の役員を辞任。渡米実業団を組織し団長として渡米
一九一〇	明治四三	七〇	二松義会顧問／大逆事件検挙。日韓併合
一九一一	明治四四	七一	国際平和義会日本支部会頭／工場法公布
一九一二	大正元	七二	日本鋼管創立。紐育日本協会協賛会名誉委員長。帰一協会成立／清朝廃絶・袁世凱臨時大総統
一九一三	大正二	七三	日本結核予防協会副会長。日米同志会会長。日本実業協会会長
一九一四	大正三	七四	日中実業提携を計り訪中／第一次世界大戦勃発
一九一五	大正四	七五	渋沢同族会社・電気化学工業設立。パナマ運河開通記念博覧会のため渡米／対中二一ヵ条要求
一九一六	大正五	七六	（喜寿）実業界との直接の関係を絶つ（第一銀行頭取等辞任）。日米関係委員会常務委員。理化学研究所創立委員長

一九一七	大正六	七七	日米協会成立。東京風水害救済会設立／ロシア二月革命
一九一九	大正八	七九	協調会創立・副会長／パリ講和会議
一九二〇	大正九	八〇	日華実業協会会長。国際連盟協会会長。子爵に陞爵／戦後恐慌。東京高商、商科大学に昇格
一九二一	大正一〇	八一	排日問題善後策を講ずるため渡米
一九二三	大正一二	八三	関東大震災／大震災善後会副会長
一九二四	大正一三	八四	東京女学館館長。日仏会館理事長
一九二五	大正一四	八五	日本無線電信会社設立委員長／治安維持法・普通選挙法成立。東京放送局試験放送開始
一九二七	昭和二	八七	日米親善人形歓迎会を主催／金融恐慌勃発
一九二八	昭和三	八八	日本女子高等商業学校発起人。日本航空輸送会社設立委員長／張作霖爆殺
一九二九	昭和四	八九	中央盲人福祉協会会長／世界大恐慌始まる
一九三〇	昭和五	九〇	金輸出解禁実施
一九三一	昭和六	九一	癩予防協会会頭。日本女子大学校校長。一一月一一日死去／満州事変勃発

※公益財団法人渋沢栄一記念財団発行『渋沢栄一』の年表を元に編集部で作成

澁澤榮一と家族たち

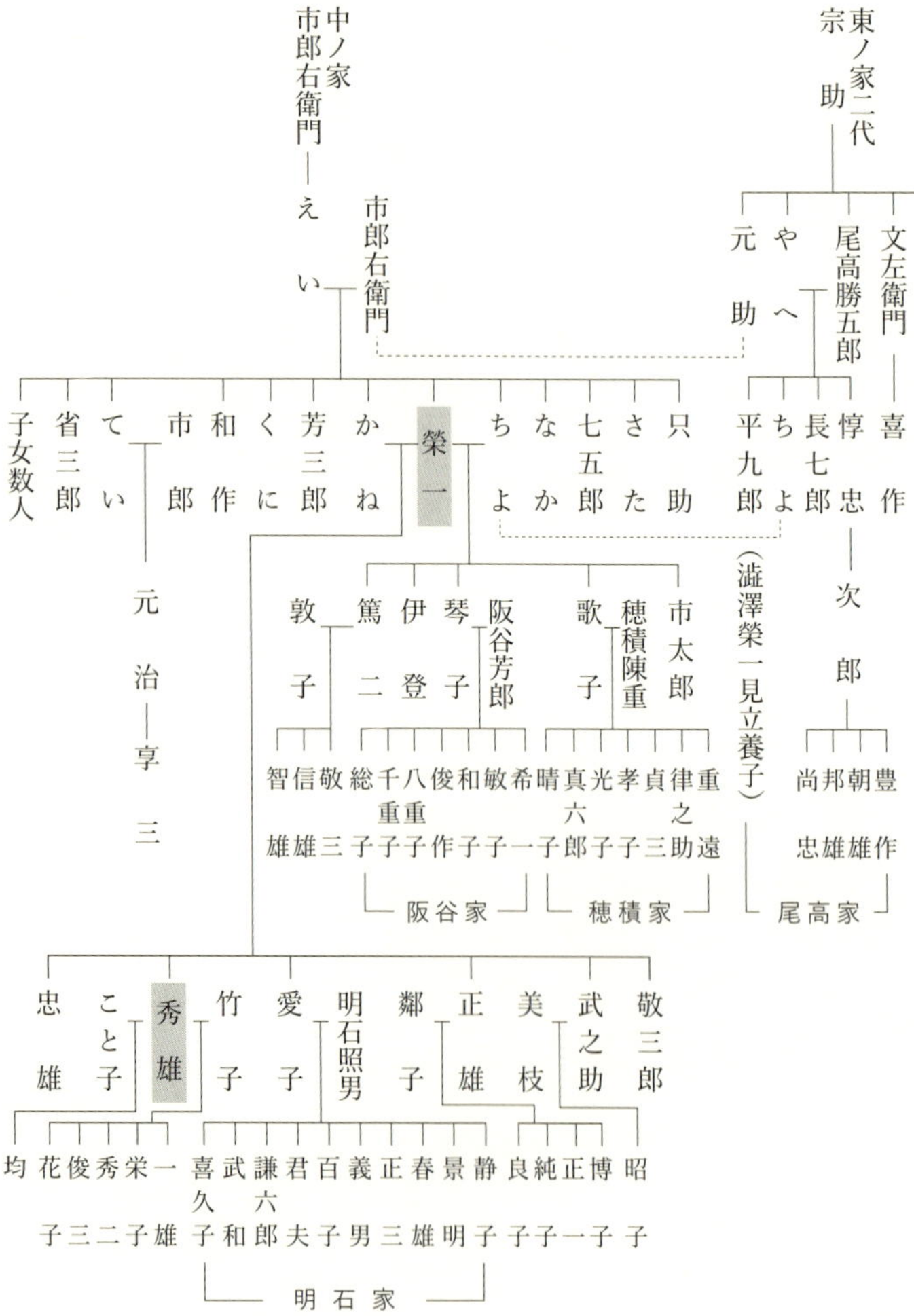

公益財団法人渋沢栄一記念財団発行『渋沢栄一』（渋沢秀雄 著）をもとに編集部作成

原本には現代では不適切と思われる表現が一部にありますが、オリジナリティを尊重しそのまま掲載しました。23章の当時の新聞からの引用などは一部割愛しました。誤字・脱字は訂正しました。

【著者略歴】

澁澤秀雄（しぶさわ　ひでお）

1892年、澁澤榮一の四男として東京に生まれる。1917年東京帝国大学法科卒業。1935年大阪毎日と東京日日に「父の映像」を連載。1938年、株式会社東京宝塚劇場取締役会長。1939年宝塚歌劇団とアメリカ公演、1943年日劇舞踊隊と華中公演。1947年以来随筆に専念。現ＴＢＳ、テレビ朝日番組各審議委員、民放番組審議会委員懇談会委員、放送番組向上委員会委員長。後楽園スタヂアム、東映株式会社各監査役、日本生命会館取締役。1984年91歳で死去。

注釈執筆／福田智弘
協力／公益財団法人渋沢栄一記念財団
写真／渋沢史料館、国立国会図書館
（キャプションに出典記載のないものは国立国会図書館「近代日本人の肖像」より）

新装版《しんそうばん》　澁澤榮一《しぶさわえいいち》

2019年6月25日　初版発行

著　者：澁澤秀雄
発行者：松永　努
発行所：株式会社時事通信出版局
発　売：株式会社時事通信社
〒104-8178　東京都中央区銀座5-15-8
電話03(5565)2155　https://bookpub.jiji.com/

印刷／製本　株式会社太平印刷社

ISBN978-4-7887-1618-6 C0095 Printed in Japan
落丁・乱丁はお取り替えいたします。定価はカバーに表示してあります。